幼儿美育与幼儿音乐 教育理论研究

张 梅◎著

四川科学技术出版社

图书在版编目 (CIP) 数据

幼儿美育与幼儿音乐教育理论研究 / 张梅著 . —— 成都 : 四川科学技术出版社 , 2023.3

ISBN 978-7-5727-0908-1

Ⅰ . ①幼… Ⅱ . ①张… Ⅲ . ①美育—教学研究—学前教育②音乐教育—教学研究—学前教育 Ⅳ . ① G613

中国国家版本馆 CIP 数据核字（2023）第 040940 号

幼儿美育与幼儿音乐教育理论研究
YOUER MEIYU YU YOUER YINYUE JIAOYU LILUN YANJIU

著　者	张 梅
出品人	程佳月
责任编辑	陈 丽
助理编辑	吴 文
封面设计	星辰创意
责任出版	欧晓春
出版发行	四川科学技术出版社

成都市锦江区三色路 238 号　邮政编码 610023

官方微博 http://weibo.com/sckjcbs

官方微信公众号 sckjcbs

传真 028-86361756

成品尺寸	170 mm × 240 mm
印　张	7.25
字　数	145 千
印　刷	天津市天玺印务有限公司
版　次	2023 年 3 月第 1 版
印　次	2023 年 3 月第 1 次印刷
定　价	58.00 元

ISBN 978-7-5727-0908-1

邮　购：成都市锦江区三色路 238 号新华之星 A 座 25 层　邮政编码：610023

电　话：028-86361770

前　　言

作为艺术花园中的一朵奇葩，音乐是人们思想与情感的一种表达方式。幼儿音乐教育是幼儿教育的重要组成部分，也是实施美育教育的重要途径。美学作为一门专门研究客观世界的美和人对美的审美反映、审美创造等规律的特殊学科，其研究目的不仅在于深化、提高美学理论自身，而且在于发挥美学对现实的积极作用，包括对人的积极作用。幼儿音乐教育不是为了培养专门的音乐人才，而是让幼儿在音乐中感受到美，满足幼儿交往的心理需求和情感需要，通过音乐教育塑造幼儿完满的人格。

从美育的角度开展幼儿音乐教育具有重要的意义和价值。首先，生态美育视角下的幼儿音乐教育是为了能够更好地创建开放式的教学环境，也就是建立起平等且充满活力的教学环境。通过多元化的形式，结合多样的教学手段，打造生动活泼的音乐课堂，营造出自由轻松的交流氛围。其次，基于美育的幼儿音乐教育打破了之前教育者与被教育者之间的被动关系，更多地凸显出师生之间的平等关系，并形成了二者共同参与并相互作用、相互提高的教学模式。再次，基于美育的幼儿音乐教育可以鼓励幼儿在学习过程中主动发现问题，并积极参与到学习活动中，大胆地表现自己。最后，应用美育视角有利于转变教师的教育观念，并构建幼儿与教师共同学习、相互成长的教学模式，也可以有效地进行角色转变。在此过程中可以有效地改善教师的教学水平，并鼓励幼儿自主学习。

基于此，本书对幼儿美育与幼儿音乐教育进行了深入的研究。首先分别对幼儿美育和幼儿音乐教育进行了概述。美育方面包括美学、审美活动以及幼儿美育的特点与实施等内容，幼儿音乐教育方面主要包括幼儿音乐教育的特点、功能、方法、基本结构等。其次分析了幼儿美育与幼儿音乐教育之间的联系。接着，从理论基础、教育目标、教育过程等方面对基于美育的幼儿音乐教育进行了详细的阐述。

　　本书内容全面，层次清晰，有助于指导幼儿教师帮助提高幼儿的艺术感觉、自主性及创新能力，促进幼儿的全面发展；也有助于幼儿教师教育观念的转变，帮助其不断提高自身的教学水平，创建和谐的师幼关系，对于幼儿美育以及音乐教育的发展具有一定的理论与借鉴意义。

CONTENTS 目录

第一章 幼儿美育概论

第一节 美学概述

一、美学的由来与发展

追求美是人类的天性，也是人作为灵长类高等动物区别于其他动物的本质特征之一。追求美是一种社会现象（人在群体社会中才有美的意识和对美的追求），它的历史可以追溯至人类社会早期。当原始人类还没有发明语言文字的时候，他们就已经有了朦胧的审美意识，有了原始的审美行为。如唱歌跳舞已经成为他们表达情绪与娱乐的方式，在制造工具与表达愿望的过程中萌生了雕塑与绘画的雏形等。在现今发现的原始时期的岩画里，可以看到许多动物等的绘画形象，见到原始人载歌载舞的生动场面。在世界各地原始人居住过的洞窟里，也能看到遗留下的用来装饰的贝壳、兽牙以及石制工具上的装饰花纹等。追求美是世界不同人种都具备的天性。

但把美作为一种观念或者话题来探讨，则是在人类进入有语言和文字的文明社会以后的事情。两千多年前的古希腊，哲学家们已经意识到美的存在并开始在理论上对它作阐述。例如，毕达哥拉斯派提出了"美是和谐与比例"的观点，古希腊哲学家柏拉图则首次提出"美是什么"的问题，并对"美"与"美的"两个概念作了严格的区分。另外，作为欧洲美学思想奠基人的亚里士多德则注重对审美创造的研究，在他的《诗学》中建立了以艺术模仿说为核心的唯物主义美学观。在我国古代，最早为美下定义的是伍举。据《国语·楚语上》记载，"夫美也者，上下、内外、小大、远近皆无害焉，故曰美。"意思就是对百姓无害的才是美的。孔子的弟子也在《论语》中记录了孔子从"仁"的基点出发提出的如"尽美矣，又尽善也"等触及"美"的观点。另外，孟子、荀子、老子、庄子、墨子、韩非子等先秦思想家也都从各自的哲学观点出发，对美做过一些有价值的论述。尽管以上这些观点不是系统化地对美进行论述，但至今仍能给人们以许多深刻的启迪。由此可见，美学思想的萌芽与对美的研究的历史在东西方都是源远流长的。

然而，创立一门独立学科对美进行研究，至今却只有两百多年的历史。1750年，启蒙运动时期的哲学家、美学家鲍姆嘉通发表了题为"Aesthetica"的著作（德文意思为《感性学》，我国译为《美学》），于是"美学"这一名称逐渐得到理论界的公认。

继而，德国古典哲学家康德和黑格尔在他们的著作中沿用了这一术语，并将"美学"视为哲学的一个特殊组成部分，进一步完善了它的理论体系。从此美学便从哲学和文艺学中分离出来，成为一门独立的学科，鲍姆嘉通也被称为"美学之父"。"美学是一门既古老而又年轻的学科"这句话的意思就是说，人类追求美的历史可上溯到远古时代，而把美作为一门学科来进行系统化的研究却只有较短的历史。

鲍姆嘉通认为，人类的知识体系存在着一个缺陷。在人类的知识体系中负责研究人类"知"即理性认识活动的学问有逻辑学，研究"意"即道德活动的学问有伦理学；而研究"情"即感性认识学问的却一直没有相应的学科。因此他认为应该建立一门新学科，这门新学科就是"美学"，也就是"感性学"的意思。鲍姆嘉通认为美学研究的内容不是一般的感性认识，而是研究人类感性认识中具有审美属性的感性认识，即"完善的感性认识"。

尽管鲍姆嘉通创立了美学这门独立学科，并为其确定了研究对象与研究范围，但真正开始建立起一套唯心主义美学体系的则是康德。康德的系统学说主要反映在他于 1790 年出版的《判断力批判》一书中。继康德后，黑格尔又对康德进行了一定的批判，进一步完善了唯心主义美学体系并把它发展到了顶峰。

但从今天看，尽管康德和黑格尔对美学的论述很详尽，但是由于他们唯心主义理论基础的局限及研究方法与方向上的根本性错误，其著述还不能说具有真正的科学性质。而以后的马克思、恩格斯虽没有留下美学专著，但他们创立的科学的世界观与方法论和有关美的重要论述却为这门学科地位的真正确立奠定了基础，并为人们提供了一把认读这个体系的钥匙。

马克思主义美学产生以后，现代西方美学大致朝着哲学、心理学和艺术社会学三个方向发展，而以心理学的研究方向为主流，它们之间也常出现互相渗透、彼此包容的情况。

在我国，最早接受和介绍西方美学思想的是王国维。王国维、梁启超等人还运用西方美学观点来研究中国古典文学中的某些现象。"五四"时期，在蔡元培"以美育代宗教"口号的号召下，在李大钊、瞿秋白、鲁迅等一些学者的努力下，美学作为一门独立研究的学科在中国的地位得到了确立。此后，朱光潜、周扬、蔡仪等学者对我国美学的研究和发展都做出了重要的贡献。当代中国美学研究的对象和范围不断扩大，内容也日趋多样化和精细化（如戏曲美学、书法美学、旅游美学、服装美学等），出现了前所未有的崭新局面。

二、美学的研究对象与范围

现在人们已经知道了美学这门学科最简单的发展历史，也知道了美学是一门年轻的学科。其实美学的"年轻"，除了它的学科历史较短外，还表现在至今人们对它的研究对象与范围还是众说纷纭、莫衷一是。任何一门独立的学科都有其特定的研究对象和研究范围，美学研究的对象是什么？它所涉及的范围有多广？这些都是需要界定和解决的问题。由于美学是一门边缘性的学科，它的研究对象包括主客观两方面内容，各个时代的美学家们对审美对象存在的范围和审美主体，即人的认识，由于着眼点不同，产生了不尽相同的看法，存在着较大的分歧与争论。

（一）认为美学研究的对象就是美以及它的规律

古希腊的柏拉图强调的就是要研究"美"本身，他认为美不是具体事物的美，而是使具体事物成其为美的那个本质性的东西，即所谓"理式"，"理式"是一切事物美的根源。鲍姆嘉通创立美学的目的也是为了有一门独立的研究"完善的感性认识"的学科，他明确规定美学研究的对象是美。但鲍姆嘉通并不排斥美学对艺术的研究，在他看来，美学研究的规律可以应用于艺术，因为"美学是以美的方式去思维的艺术，是美的艺术的理论"。在我国，也有人持这种看法，他们认为美学应当研究美和美的规律。但他们主张美学既要研究现实美，又要研究艺术美，但重点应当是现实美。因为艺术美是艺术学研究的重点，如美学把艺术作为唯一的研究对象，就会排斥现实中存在的各种美的现象，这会割断美学与现实的联系，于美学本身的发展不利。

（二）认为美学的研究对象就是艺术

认为美学的研究对象就是艺术，这也是古希腊亚里士多德在《诗学》中首次提出的说法。到了黑格尔那里就变得更为明确，在黑格尔看来，只有艺术才是真正的美，美学的正当名称应该是"艺术哲学"，或者更确切一点应当把它称作"美的艺术哲学"。黑格尔说，美学研究的"对象就是广大的美的领域，说得更精确一点，它的范围就是艺术，或者毋宁说，就是美的艺术"。19 世纪，俄国文艺理论家车尔尼雪夫斯基尽管提出了"美是生活"的著名论断，但在谈到美学研究对象时，他也认为美学是一门"关于艺术的科学"。法国艺术理论家丹纳则干脆将自己的美学著作命名为《艺术哲学》。在我国，美学界持这种观点的人也不少。

（三）认为美学研究的对象就是人的审美心理

认为美学研究的对象就是人的审美心理，这种观点发端于以博克和休谟为代表的英国经验派美学。19 世纪末以来，西方以实验美学、格式塔心理学美学、精神分析美学等为代表的心理美学获得了很大的发展。其中"移情说""心理距离说"等认为，美学是研究人的审美心理的。他们所侧重研究的问题是"美感经验"，至于"什么样的事物才算是美"，也就是"美的本质是什么"则是次要的问题。那么何谓"美感经验"呢？美感经验就是人在欣赏美的事物时的心理活动。他们认为事物之所以成为审美对象，是由于人的美感经验中心理活动的结果。因此，美学的重要任务就在于分析这种美感经验。

（四）认为美学研究的对象就是人对现实的审美关系

认为美学研究的对象就是人对现实的审美关系的学者认为，人类在社会实践中，要与客观世界发生一定关系，人与世界的关系包括精神关系与物质关系，精神关系中又含有科学、伦理、审美等关系。美学就是通过艺术来研究这种审美关系的学科，只有在认识人对现实审美关系的一般规律的基础上，艺术规律的特征才能得到揭示和理解。我国美学界有不少人赞同这一种意见。他们有的认为这一命题既包括审美主体，又包括审美客体，还包括主体与客体之间的关系，它较好地体现了辩证唯物主义观点，因而较全面地概括了美学研究的对象。有的人则认为，美学是一门关于人的审美价值的人文学科。它研究的是人类独有的审美现象，美学以艺术为主要研究对象，并通过艺术来研究人对现实的审美关系，进而研究各种审美对象、美感经验、审美意识、审美范畴和美学思想。

从上述几种看法中可以知道，美学的研究对象与范围的争论是与观察问题的角度和方法、边缘学科的发展、美学研究的不断深入、社会审美实践的发展有着较大联系的。考虑到这些原因，借鉴目前国内一些理论著作的提法，笔者认为，美学应当是一门研究美、美感，以及人对现实美和艺术美的审美关系和审美教育的客观规律的学科。

三、美的本质与特征

（一）美学史上关于美的本质的探讨

爱美之心，人皆有之。生活中时时处处会遇到美，感觉到美，谈论到美，还在不断追求着美，人们的衣食住行也几乎与美有关。但要回答什么是美，也就是说要对"美的本质是什么"进行理论概括，却不是人人都能做到的。因为这也是美学中最重要、最基本、最难解决的理论问题，是一个千古之谜。历史上中外美学家曾对这个问题进行过许多探讨，归纳起来主要有以下几类看法。

1. 主观唯心主义

主观唯心主义把人的主观心灵（意识、情感、想象、直觉等）看成是美的本源。18世纪英国经验主义美学家休谟认为，美是主体的一种审美愉快。德国古典主义美学家康德认为，美是主观的，不带功利目的的。意大利美学家克罗齐认为，只有心灵世界才是唯一真实的存在，美就是"直觉"阶段的价值，知觉并不反映客观世界，仅仅是心灵情感的产物。在我国的古代文献《礼记》中就有"美恶皆在其心"的说法。明代主观唯心主义哲学家王阳明从"心外无物""心外无理"的命题出发认为美的根源在审美主体的心中。如他认为：人没看花时，花与人的心一样是空寂无色的，无所谓美不美；是因为人看了花，花才美起来。朱光潜给美下的定义是：美是心借物的形象来表现的情趣。而情趣是主观的东西，其实就是把美的本质归结为一种精神现象。

2. 客观唯心主义

客观唯心主义把存在于人以外的某种绝对观念看成美的本源。古希腊哲学家柏拉图提出了"美是理式"的命题，认为一切事物的美都起源于"单一的理式"，就是说"美本身"使"一切美的事物有了它就成其为美的那个品质"。德国古典美学大师黑格尔继承发展了柏拉图的"美是理式"的观点，系统地对"美是理式的感性显现"的命题进行了论述，他把那种超越自然的"理式"（即绝对精神）看作一切美的根源。在我国春秋战国时代，孔子从"天命"观出发提出"里仁为美"，把"仁"作为美的本源；老子把存在于自然之外的"道"作为至高无上的绝对精神，把"道"视作美的最高境界；庄子继承和发展了老子"道"的思想，以"无为"来解释"道"，提出"天地有大美而不言"。这些都属客观唯心主义对美的本质的认识。

3. 机械唯物主义

机械唯物主义认为美就在客观事物的本身中。古希腊的亚里士多德批判了柏拉图的"理式"说，认为美就在事物本身中，在事物的秩序、匀称与明确的形式方面。毕达哥拉斯派认为万物最基本的元素是数，认为世界就在于认识支配世界的数，美表现于数量比例上的对称与和谐。英国著名画家荷加斯在《美的分析》中，通过分析具体作品，提出了美的六条原则，认为"适宜、变化、一致、单纯、错杂和量——所有这一切的共同合作（彼此矫正、彼此约束）产生了美"。在他看来，直线不美、折线不美、蛇形曲线（S 形）才是最美的线条，因为它能表现动作。博克从人的审美感受出发，认为"美大半是物体的一种性质，通过感官的中介，在人心上机械地起作用"。他说的物体的美的性质包括比较小的体积、光滑的表面、各部分融为一体、娇柔的造型、洁净明快的色彩等，认为是客观对象的这些性质决定了美的本质。

上述三大派在对美的本质问题的探讨和研究中，虽然都做出了一定的历史贡献，但都不能令人普遍信服，因为他们都没有真正科学地解决美的本质问题。除此以外，也有人试图从其他角度来探讨和研究美的本质，其中较为典型的有两位。

第一，狄德罗的"美是关系"说。

18 世纪法国启蒙主义哲学家狄德罗上承亚里士多德，在解释美的本质时兼顾到客观、主观、自然、社会诸种因素提出"美是关系"，认为"美"标记着存在物的一种共有的性质。这个共有的性质就是"关系"，这就是"美是关系"的含义。狄德罗认为"一切能在我们心中引起对关系知觉的，就是美的"。也就是说，凡被称为美的东西都与它所处的环境有着密切的关系。他还以高乃依的悲剧《贺拉斯》和莫里哀的《史嘉本的诡计》中的同一句台词"让他死吧！"为例来说明美与丑的存在是依据事物所处的关系而定的。在《贺拉斯》中，老贺拉斯的两个孩子为国捐躯了。他的女儿告诉他剩下的一个兄弟也上阵了，很危险。老贺拉斯听了这句话，毫不犹豫地说了"让他死吧！"这句不丑不美的话，从整体联系起来看，表现了老贺拉斯的爱国精神，因而是美的。而在《史嘉本的诡计》中，史嘉本和他的主人在路上遇到了强盗，史嘉本逃跑了，后来别人告诉他，他的主人一个人抵挡了三个强盗，很危急，要他去救主人。史嘉本不但不去救，反而说了"让他死吧！"这句看似不丑不美的话，却表现出了史嘉本丑恶的灵魂。这里狄德罗从唯物史观出发揭示了美的相对性。但他的主要缺陷是把美看作由心灵中"悟性"唤醒的一种关系，把美和美感混为一谈。

第二，车尔尼雪夫斯基的"美是生活"说。

19 世纪俄国革命家、哲学家、作家和批评家车尔尼雪夫斯基在 1855 年发表的《艺术与现实的审美关系》一文中向黑格尔的唯心主义美学进行了大胆的挑战，提出了"美是生活"的定义。他认为凡是那种与人的生活（指人们"愿意过的""所喜欢过的""我们理解的"生活）相联系，能作为人的一种暗示或使人们联想到人的事物才是美的。"美是生活"肯定了美的客观实在性，也并不否定人的主观因素在美的事物中的地位和作用，如以"依照我们理解的生活""我们愿意过的生活"中的"理解"和"愿意"就把人的主观因素考虑在内了。他还认为美是生活，但不仅是指社会生活，而且还包括自然的生命。这样，他就与狄德罗一样，在解决美的本质时兼顾了客观、主观、自然、社会诸种因素，肯定了美的客观性，肯定了美与现实生活的关系，这在美学史上是一个突破。但他未能确切地回答什么是"愿意过的""所喜欢过的""我们理解的"生活，明显地带有主观主义色彩。

4. 马克思主义

"美的对象是人的显示出来的本质"的命题是由 19 世纪德国哲学家费尔巴哈提出的，他认为"如果你对音乐没有欣赏力，没有感情，那么你听到美的音乐，也只是像听到耳边吹过的风"。马克思在《1844 年经济学哲学手稿》中发展了这一观点，提出了"劳动创造了美"、劳动产品是"人的本质力量的对象化"的著名论断，为人们认识美的本质提供了一把钥匙。

按照马克思的观点，所谓的"人"是历史、社会、劳动三者相统一的产物，是能将自己的生命活动变成自己的意识和对象的，具有能感受音乐的耳朵、能感受形式美的眼睛的社会化的人。所谓的"本质力量"，是指人为了生存和发展进行自觉的创造活动的力量。它包括人所具有的物质力量，如体力、生命力和其他本能；也包括精神力量，如思想、智慧、意志、情感等。而"对象化"则是指人通过创造性的实践活动，在目的的引导下，充分调动自己的本质力量，使产品成为人的本质力量与自然物质材料的统一，成为人的本质力量的物化和确证，人可以"在他所创造的产品上直观自身"。值得一提的是，之前黑格尔也曾解释过"对象化"，即"一个小男孩把石头抛进河水里，以惊奇的神色去看水中的圆圈，觉得这是一个作品，在这作品中他看出他自己活动的结果"。在这里，小男孩抛石头的行为对象是河水，水中出现的圆圈就是小男孩的行为体现，即所谓的"对象化"。之后，普列汉诺夫的解释则是：原始狩猎部族喜欢用凶猛野兽的皮、角来装饰自己，用它们的鲜血涂身，这是"由于它们是勇敢、灵巧和有力的标志"，"他是在暗示自己的灵巧和有力，因为谁战胜了灵巧的东西，谁自己就是灵巧的人；因为谁战胜了力大的东西，谁自己就是力大的人"。

综上所述，所谓美的本质就是，审美客体以宜人的物质形式显现出对人的本质力量的肯定和确认，它是由主客观两部分因素构成的。

（二）美的绝对性与相对性

美的绝对性是指美是一种普遍永恒的绝对价值。古希腊、文艺复兴时代还有新古典主义、经验主义的美学家和思想家大多自觉地接受"绝对美"的概念，认为美可以单从形式上显露出来，并可以形成公式，让人们普遍地、永恒地使用。如柏拉图从客观唯心主义出发认为"美本身"是永恒的。博克列举了物体美的"较小的体积""光滑的表面"等七个客观性质，并认为是客观对象的这些性质决定了美的本质。美的相对性是指美是丰富多样的，是相对于其他事物而存在的（客观方面）。处于不同时代、不同民族、不同阶级、不同环境里的人，其审美标准会有所不同。古希腊赫拉克利特所谓"最美丽的猴子与人相比也是丑的"就意识到美本身的相对性。狄德罗的"美是关系"本身就是对美的相对性的一种论述。中国古代人们对人体美认识的变迁，如"唐肥汉瘦"也显示出封建社会中不同时代对女性美的相对标准的思考。

马克思主义美学观认为美既有绝对性，又有相对性，是绝对性与相对性的统一。美是不依赖于欣赏者的主观感受而存在的，美的事物固然与周围环境、条件有关，但事物之所以美是因为自身具有美的特点，符合美的规律。另一方面，在特定的历史阶段与特定的环境中，各种具体事物与现象所体现的美只具有相对的意义，随着时间的推移与社会的发展，相对美所表现出的时代、民族、阶级等局限性会逐步得到淡化，并朝着绝对美的方向发展、进化。许多世界历史文化遗产被作为人类共有的财富得到保护、得到全世界人民的瞻仰就是很好的例子。

（三）美的特征

美不是一种自然现象，也不是一种少数人私有的个别现象，它是人类社会实践的产物，是一种社会现象。美对人类不构成危害，相反具有对人有利、有用、有益的积极作用。这种积极作用主要通过以下两点表现出来的。

1. 形象性

"美"是一类事物的普遍属性,"美的"则是具体事物的个别属性。以上所论述的"美"是一种抽象的概念,但具有"美的"性质的事物却是具体的、形象的,人们的感官是能感知到它们的存在的。自然中、生活中、艺术中的美都通过一定的形、色、声等物质材料构成的可感形象表现出来。山水草木、花鸟虫鱼、天地万物皆有生动的形态;绘画、雕塑、摄影、书法、影视、舞蹈、音乐、文学中的美,只有通过栩栩如生的形象,才能被人们的视听感官所感知,或借助语言感性材料唤起表象被人们所感知;社会生活中,美的人体、美的产品、美的装饰、美的环境、美的人格(外化为美的语言、美的举止、美的行为)也都是通过具体的形象表现出来的。形象性是美的最显著特征。黑格尔认为,美只能在形象中见出,因为只有形象才是外在的显现。中国古代对"美"字的解释都与"羊"有关,一说"羊大为美",一说"羊人为美"(用羊身上的物来装饰身体的人是美的),这同样说明美同具体事物属性相联系,是以具体的形象呈现在人们面前的。

2. 感染性

美的感染性与形象性有着密切的关系。在直观的形象面前,人们会充满感情色彩;而美的形象尤其会令人们心情舒畅、流连忘返。人被美的形象感染,不仅是一种顺耳悦目的简单生理反映,而且是一种高级的精神享受。在这个过程中,人的各种心理功能和谐运动而产生一种愉悦,这是一种真正的心理上的共鸣。当人们置身于万紫千红、芳香扑鼻、蜂蝶环绕的鲜花丛中时,会被大自然神奇的美所感染、陶醉,会感到心旷神怡;当人们面对气势磅礴、巍然挺立的高山峻峰时,会被大气磅礴的阳刚之美强烈震撼;当人们面对长空如洗、皓月当空、鲜荷亭亭、春水盈盈时,大自然无比丰富的、难以言尽的神奇之美随时都会敲动人的心弦,激起人的强烈共鸣和向往。社会事物的美也是如此,生活中,人们会被漂亮的容貌身材、高雅的谈吐举止所感动,会被自强不息、胸怀宽广、诚实守信、勤劳善良、清正廉洁的人格魅力所感动,会被尊老爱幼、互信互助、见义勇为、爱国爱家的社会风尚所感动。而艺术家创造的诗歌、绘画雕塑、摄影书法、建筑园林等各种形态的艺术作品,因为基于生活又高于生活,比生活更典型、更集中,又是以情感的形式来反映生活的,所以比自然美与社会美更具感人的魅力。人们通过艺术作品获得认识、教育、娱乐、宣泄,都是因为首先受到作品美的感染的缘故。

简而言之,美是一种具体可感知的形象,美是一种能感染人并使人身心愉悦的形象,美是反映人智慧和力量(人的本质力量)且对人有积极作用的形象。

第二节　审美活动的性质与方法

一、审美活动的性质

审美活动本质上是审美主体在对客体进行感受、体验、鉴别、玩味、领悟、评判和再创造的过程中，得到的悦耳悦目、悦心悦神的审美享受和思想、认识、道德、情操等方面获得审美教育的一种复杂的心理活动。审美活动产生于人类的社会实践活动之中，包括审美主体与审美客体两方面的因素。审美活动的结果依赖于审美主体已有的审美体验和审美情趣。

审美活动是人类特有的一种高级的认识活动，通过这种认识活动，人们能更准确地把握和区分生活中的善与恶、美与丑、真与假、伟大与渺小等现象，让人们主动地、有意识地追求真善美，摒弃假恶丑，逐渐成为一个有健康高雅的审美情趣的人，成为一个心灵充实的人，这对人的一生具有重要的意义。

审美活动有两种基本存在形式：一种是非独立的形式，它渗透在人类的其他实践活动之中。人类在进行各种各样实践活动的过程中，同时进行着审美活动，会体验到审美的愉悦，这些实践活动一旦停止，人的审美活动也就结束了。以后再进行这种实践时，又可能重新体验到这种愉悦。一种是独立的形式，这种形式的审美活动是从其他实践活动中逐渐分离出来的。如人未在进行劳动时，也能观赏自然的美，甚至审美对象不在面前时，人也能在想象中体验到审美的愉悦。独立的审美活动又有艺术的和非艺术的两种类型，艺术活动是审美活动的集中形式。在实际生活中，艺术和非艺术的审美活动经常交织在一起，并且相互强化。

二、审美活动的主体与客体

在审美活动中，第一个必要因素是审美客体的存在。审美客体极为广泛多样，充盈于人类生活的各个领域。第二个必要因素是审美主体的存在，只有社会的人才能成为审美主体。在审美活动中，主体与客体是一种相互联系、相互依存的关系，两者缺一不可。

就客体来说，它是主体审美活动的前提和基础，客体只有具备审美价值，才有可能与主体形成审美关系。如泰山若没有它那厚重高耸的气势，就不能令游人驻足。

优秀的艺术作品反映了时代的文明程度，记录了社会生活的点滴历程，具有强大的艺术感染力。今天在音乐厅、大剧院还能继续上演古典芭蕾舞剧《天鹅湖》，每年一度的维也纳新年音乐会还在演奏百年前的作品，达·芬奇的《蒙娜丽莎》、梵高的《向日葵》以及我国历代书法家的墨宝成了人类所共赏的精品，都是因为这些不朽的艺术大作都经受了历史的检验，具有不朽的审美价值。

另外，客体的种种不同的审美性质与特点决定了主体的欣赏效果。例如，同样是题为《春江花月夜》的作品，如它是一首诗，主要从它的语言中得到美感；如它是一幅画，主要从它的构图、色彩中得到美感；如它是一首乐曲，主要从它的节奏、旋律中得到美感；如它是一支舞蹈，主要从它的动态的人体造型中得到美感。

就主体来说，它是一个有着"内心世界"的个体，在脑海里储存着过去的审美经验，并且在丰富的审美经验的基础上，形成了个性化的审美情趣与审美理想。在艺术审美活动中，人是审美的主体，艺术品是审美的客体，审美主体与审美客体关系的建立是以审美客体的属性和审美主体的能力为条件的，两者缺一不可。艺术作品存在着美的属性，人们通过这个属性对它进行感知、理解，从而产生各种不同的情绪体验。贝多芬的音乐，特别是他的《英雄》《命运》《合唱》等交响乐，因旋律与节奏铿锵，风格悲壮，配器大气，体现了音乐家的伟大人格，所以总是给人以振奋和强大的精神力量。而哀乐因为旋律低沉、节奏缓慢，所以会使人产生悲伤情绪。艺术美能不能成为审美主体的欣赏对象，既要看对象自身是美的还是不美的，也要看审美主体是不是艺术的知音。优秀的艺术作品能不能成为艺术接受者的知音，还要看接触者能不能转化为接受者。所以并不是任何一个人都能成为美的欣赏主体的，除了具备完善的审美感觉器官这一客观条件外，成为美的欣赏的主体还应具备以下条件：

第一，具有正确的审美态度。审美态度是人在进行审美活动时所持的一种心态。正确的审美态度应该是在主客体之间保持一定的心理距离，不能带有任何实用功利的情绪，否则就无法保持审美的客观公正性。

第二，具有合理的审美情趣。审美观是世界观的重要组成部分，审美情趣是人在审美活动中表现出来的带有情感指向的一种心理体验，它反映了审美主体的一定的世界观、审美程度和艺术修养水平；它有进步、落后、积极、消极、高尚、低俗等区别。健康的审美情趣会催人奋进，不良的审美情趣会使人萎靡不振，甚至颓废。

第三，具有一定的审美能力。如果没有审美主体的感受、认识、评价，审美对象就难以显示出它的意义和价值。因此，马克思说，从主体方面看，只有音乐才能激起人的音乐感；对于不辨音乐的耳朵来说，最美的音乐也毫无意义。这里强调的就是审美能力在审美活动中的作用。但这种审美感受能力是在长期的审美实践中获得的，是随着审美阅历的丰富而不断提高和加强的。比如对音乐作品的审美鉴赏，需要审美主体有一定的音乐审美经验和相关的音乐基本素质等作为基础。

第四，具有良好的审美心境。这是一种相对较微弱的心理感受，这种感受表现出来的可能是愉快的，也可能是郁闷的。人们大多有这样的审美经历，如果心情比较愉快时，对于一些不太好听的音乐也感觉不出有什么不好听；如果心情沉闷时，听欢快的乐曲也感受不到它的积极情绪。又如杜甫面对鲜花的盛开和鸟儿的啼鸣，发出的却是"感时花溅泪，恨别鸟惊心"的万千悲叹，这正是诗人在当时国破家亡、流离失所的境况下，以悲苦、绝望的审美心境而对审美对象发出的感慨。

综上所述，审美主体与审美客体是审美过程中的两个基本方面，它们是相辅相成的一对矛盾体，只有弄清它们的基本特点和表现特性，才能够正确地进行审美活动，才能够真正创造美，生活才会因我们的审美活动而变得更加精彩绚丽。

三、审美活动的方法

审美活动的方法，指的是在审美活动中，作为审美主体的人对审美客体所采用的审美方法。审美活动的效果如何，与审美主体所采用的审美方法有直接和必然的联系。在审美活动中一般可以采取以下几种方法：

（一）感受法

感受法是最重要的审美方法之一，它是指在审美活动中作为审美主体的人凭借眼、耳等感觉器官直接去整体地感悟美。它是一个不需经过理性思维，而直接对客体的形式作长时间的停留，从而感受到悦耳悦目的感官体验的过程。感受法具有综合、模糊、肤浅、短暂的特点，但却是审美活动进一步深化的基础。人在进行审美活动的最初，往往没有预定的审美目的和方向性，所以通过感觉器官所获得的审美感受也是最直接、最自然、最朴素的，为人们更理性、更深入地去进行高级的审美活动提供了第一素材。例如，人体美具有其客观的标准，好多外部形式如身高、肩宽、三围等都有量化的数据和指标。但在现实中，人们感觉一个人的体形美不美则是直觉性的、综合性的，而不会去了解他（她）的数据和指标。另外，一般的旅游者对自然风光的审美也是停留在这一状态上的，如第一次见到大海的人，面对阳光照耀下的万顷波涛总是模糊地去感觉它的美，可能只会用"啊！"来表达对大海的赞美之情，而说不出这种美来自哪里。大场面的通俗艺术演出带给大众的也往往是悦耳悦目的感官审美愉快，但它们往往会因缺乏深沉的情感、博大的思想，难以升华到一个很高的艺术境界。

在运用感受法进行审美活动时，需要感受者有敏锐的洞察力。只有视觉灵敏，眼中有物，诸多感觉器官协调配合，才能感受到审美客体美的综合属性。比如，一个色盲的人就很难感受到绘画艺术的精妙绝伦，不能辨别音高的人也不能感受到音乐旋律的内在美。另外，感受法也要借助主体已有的感受经验。例如，一个有音乐素质的人，如果他的识谱能力够强的话，给他一首乐谱，他就能感受到音乐的风格及音乐旋律的内在美。

（二）鉴别法

鉴别法是一种在感受的基础上凭借理性思维认识美的审美方法。它所依靠的是主体的直觉和知识。运用鉴别法应着眼于对美的因素以及它们之间关系的考察。这种方法依赖于审美主体已有的审美经验，并能对客体各因素进行理性的分析筛选，找出美与不美的属性，在美的事物中又分出主要与次要因素来。如欣赏时装表演时，能注意到的主要是模特所展示的服装，而不是模特的人体外形；欣赏自然风景时，山水风光的形、色、声等外在形式的审美是主要对象，而文化的、实用的因素则是次要对象。

鉴别法的审美大致可分为两个阶段：第一阶段是直接感受审美对象。这个过程是由于外界活动对人的直接刺激而引起的，是朴素的、自然的。它为进一步进行整合做好了铺垫；第二阶段是在直接感受的基础上，经由理性（如对对象特点性质、美学知识、与对象有关的背景知识等的了解）的引导，对审美客体作出审美判断。鉴别法有较强的理性成分，但在进行审美判断时，审美直觉仍然处于活跃状态，主体的情绪仍然处于愉悦状态，而逻辑推理在这一过程中的意义是有限的。黑格尔说过，遇到一件艺术作品，首先见到的是它直接呈现给人们的东西，然后再追究它的意蕴或内容。这里说的"追究它的意蕴或内容"其实就是指运用鉴别法进行审美判断的第二个阶段。所以对于一些艺术精品，反复地进行揣摩、品位，每次都会有新的感受和体验，获得新的享受和教益，其原因就在这里。例如，对书法的欣赏如果只停留在直觉上，就只能感到它写得"好看"或"不好看"。但如果掌握了书法不但具有表形性，还有表情性的特点后，就可以透过字的线条的粗细、刚柔、断续，去领悟书法家的才学、志向，体会他书写时的情感状态。如从颜真卿《祭侄文稿》的运笔畅达、遒劲豪放，多次出现竭笔枯笔中，可以看到他是怀着悲愤，以英烈之气一口气完成这一千古名作的。

（三）诠释法

诠释法是一种在感受和鉴别的基础上，根据客体提供的各种审美提示（如意象、符号、细节等）作出审美判断的方法。这种判断是不需要考虑是否符合创作者的原意的。诠释法是一种理性的审美活动方法，它要求审美主体有较高的审美水准和审美意识，从审美感受中获得审美体验，为审美创造做好铺垫和准备，它主要运用于艺术欣赏活动中。

运用诠释法不能变成猜谜，也不能牵强附会或故弄玄虚，欣赏者应该根据对象所给的特定提示，独到地、创造性地去诠释对象的深层美学内涵和精神实质。诠释法对审美创造也有十分重要的意义。如指挥要对曲目进行诠释，画家要对笔墨进行诠释，诗人要对意象进行诠释。对现代派画家的作品如不运用诠释法，则很难把握其大量采用的象征、抽象、变形、夸张等超现实主义绘画语言所表达的作品内涵。如毕加索的立体主义绘画作品《格尔尼卡》是受西班牙共和国政府的委托，为1937年在巴黎举行的国际博览会西班牙馆而创作的。画中表现的是1937年德国空军疯狂轰炸西班牙小城格尔尼卡的场面。作为一名具有强烈正义感的艺术家，毕加索仅用了几个星期便完成了这幅巨作。《格尔尼卡》画面提供给人们的东西并不多，在这里，毕加索采用手绘的方式表现了剪贴的视觉效果。人们如了解了它的创作背景、立体主义绘画语言的特点，并运用诠释法，就能从那一块叠着另一块的黑、白、灰三色"剪贴"图形中看到世界和平的重要性。可见，艺术欣赏中诠释法的成功运用，不仅能揭示对象的美学内涵，而且能丰富和深化这种美学内涵。

以上三种方法是常用的一般的审美方法，它们有时单独运用，但大多数情况下是综合运用的。而在对客体的整个欣赏过程中，人们的感知、联想、想象、情感、理性等心理因素始终起着重要的作用。

第三节　幼儿美育的特点与实施

一、美育与幼儿美育

（一）美育

目前，学术界对美育的内容还未形成统一、明确的定义，许多学者分别从不同的角度、层面出发，对美育作出了各自的解释，概括起来主要有以下几种。

（1）美育是情感教育

持这派观点的学者认为，美育是激发、培养情感的教育活动，是一种使人变得高尚的内在情感教育活动。因此美育是"把美对人的潜在的影响力转变为提高人的本质力量的价值"，是通过影响人的情感，塑造人完善的审美心理结构来实现其目的的。

（2）美育是审美的教育

持这派观点的学者认为，美育具有发展人的审美能力的功能。如《中国大百科全书》便将美育定义为"培养学生认识美、爱好美和创造美的能力的教育，也称为审美教育或美感教育"。

（3）美育是人格教育

持这派观点的学者认为，美育具有促进个体素质和谐、全面发展的作用，因而美育的任务是培养完善的人，使人具有高尚的情操和崇高的理想。

（4）美育是美学理论的教育

持这派观点的学者认为，美育是通过对美学理论的传授来提高个体的美学素质的一种教育活动，教学的重点在于美学理论知识的传授及学生对基本的美学知识和必要的审美表现技巧的掌握。这种关于美育的认识，在我国教育界中曾长时间地占据主导地位，为各级各类学校的教师所奉行。

（5）美育是美学方面的教育

持这派观点的学者认为，美育"在总体上也包括一切美学知识方面、一切审美方面和一切艺术方面"。这种观点较好地阐明了美育、美学和教育的内在联系，以及美育与审美、与艺术、与美学文化知识的教育之间的关系，但却有点笼统。

笔者认为，美育应以培养和发展人的审美能力为主要目的，它主要是通过对自然美、社会美、艺术美的赏析而进行的一种教育活动，其目的是培养受教育者对美的形态、结构等的感受、鉴赏、创造能力，培养受教育者正确的审美观点、高尚的审美情操，使其得到精神上的满足与愉悦，得到情操上的陶冶，提高人们的生活趣味和生命的质量，最终达到人格上的完善，是培养全面发展的人格所不可缺少的。广义的美育，目的在于促使人不断地追求和完善自己。狭义的美育，主要是指艺术教育。学校美育应从广义上（包括理论与实践）培养人。

在我国，美育有着良好的传统。早在商代，乐、舞的知识技能就已成为学校教育的内容。孔子主张"兴于诗，立于礼，成于乐"，他把礼教与音乐教育联系起来，并将此看成是立身处世的手段。从孔子听《韶》乐后，"三月不知肉味"的反应也可以看出，那时人们已懂得"乐"的审美价值和陶冶作用。审美教育是人类文明发展的必然结果，也是人类自身建设的一个重要方面。美是生活中无处不在的客观现实，但却不等于人人都能发现美，都能正确地认识美。尽管爱美是人的天性，但是爱美之心带有极大的自发性，仅凭此是不可能进行高尚的审美活动的，必须在此基础上培养正确的审美观念、健康的审美情趣和能力，才能自觉地、健康地感受和理解自然美、社会美、艺术美。这就是说，需要通过一种专门的教育，用特定的途径和手段对人们进行审美教育、美感教育，这种教育就是美育。美育要通过接触各种艺术以及自然界和社会生活中美好的事物来进行，它使人在欣赏美的过程中产生愉悦、动情，不知不觉地受到感染、影响和熏陶。

对美育，不同时代的人有过很多论述。18世纪德国启蒙运动时期的美学家席勒在《审美教育书简》中指出，从美的事物中找到美，这就是审美教育的任务。在我国近代教育史上首创美育的蔡元培，则对美育作了这样的解释：人人都有感情，而并非都有伟大而高尚的行为，这是由于感情推动力的薄弱。要转弱而为强，转薄而为厚，有待于陶养。陶养的工具，为美的对象；陶养的作用，叫美育。当代著名教育家苏霍姆林斯基认为：美——是道德纯洁、精神丰富和体魄健全的强大的源泉。美育最重要的任务是教给人通过周围世界的美、人的关系的美看到精神的高尚、善良和诚挚，并在此基础上确立自己的美的品质。

生活的环境中充满了美,这使美育的实施有了可能性与必要性。当这些艺术与现实中形态各异的美与人的情感、心理形成共鸣时,它们便成了人们的审美对象。因为人不仅具有审美的生理基础和心理基础,而且还具有将个体的情感投射到审美对象中去的心理功能。而实施美育的过程,也就是主体对欣赏对象进行感受、欣赏、评价、判断等活动的实践过程,也是主体的生理结构、心理结构均受到美的感染、熏陶,在不知不觉中发生变化的过程。通过美育活动,不仅人的审美能力和审美情趣得到了提高,而且人的精神面貌也因此得以升华。

审美教育以美的形象对人们的情感起着潜移默化的作用,必然要符合受教育者的自愿要求,采取自由的娱乐方式。也就是说,审美教育要通过娱乐的方式来进行。因此,教育者应当根据受教育者的年龄特征、智力水平、个性特点、审美趣味等不同情况,为他们提供合适的审美对象,以便引起他们的兴趣,使他们乐于接受。

所谓幼儿美育,是指幼儿审美教育,是根据幼儿的身心特点,利用美的事物和丰富的审美活动来培养幼儿感受美、表现美的情趣和能力的教育。也就是以现实生活和艺术领域中无比生动、丰富的美作为内容,以各种幼儿感兴趣的活动为手段,达到丰富幼儿情感世界,提高幼儿审美水平、审美情感,使幼儿得到全面、健康发展的一种教育活动。

幼儿喜欢美丽的花朵、生动有趣的玩具、轻松欢快的音乐等美好的事物。但是正确的审美观是后天逐步培养起来的。正确的审美观会潜移默化地影响幼儿的成长,会使他们学会分辨是非、善恶、美丑,从而形成高尚的情操和良好的品性。幼儿美育旨在培养幼儿初步理解美、感受美的能力,使幼儿能够按照美的规律获得全面发展,它是一种人生启蒙性质的教育。但受年龄和身心发展特点的限制,幼儿还没有能力从实质上理解美、感受美和评价美,这就要求幼儿教育工作者必须重视幼儿审美教育的内容与方式方法的选择。

幼儿美育是美育的一个组成部分,但不是成人美育的下移,幼儿美育有其自身的教学特点、规律与要求,必须遵循幼儿自身审美欣赏、身心发展的客观规律与教育目标。幼儿美育必须是生动化、具体化的,它要求必须与幼儿这个特殊欣赏主体的经验、认知水平相符合,更加强调选择性和针对性。因而在实际教学中,切不可简单地将成人美育的教学过程移植或直接应用到幼儿美育的教学过程中。教育幼儿"学会审美"是幼儿教育的重要内容,对幼儿的发展具有十分重要的影响。它具备使幼儿认识深化、道德感化、情感净化、智能开发和心理平衡等诸多功能,在幼儿和谐发展中显示着它独特的作用。

（二）幼儿美育

1.幼儿美育的目标

我国对幼儿美育的目标曾有过多次阐述。1981年由卫生部颁发的《三岁前小儿教养大纲》（草案）提出：要培养小儿的饮食、睡眠、衣着、盥洗、与人交往等各个方面的文明卫生习惯及美学的观念。1981年教育部颁发的《幼儿园教育纲要》（试行草案）规定了美育的目标是：教给幼儿音乐、舞蹈、美术、文学等的粗浅知识和技能，培养幼儿对它们的兴趣，初步发展他们对周围生活、大自然、文学艺术中美的感受力、表现力、创造力等。2016年颁发的《幼儿园工作规程》第五条指出：培养幼儿初步感受美和表现美的情趣和能力。这是对幼儿美育目标总体的、概括的描述。

布鲁纳在《教育目标分类学》一书中根据幼儿心理发展的特点将教学目标划分为认知、情感、技能三方面，据此可以结合幼儿园教育实际，从三个方面对幼儿美育的目标加以具体认定：

（1）小班（3～4岁）

第一，认知目标：能从对自然景物、艺术作品、社会环境的体验中认识到美的存在；初步认识艺术作品中具有的简单的美的表现形式。

第二，情感目标：通过欣赏美的事物，培养幼儿对美的欣赏的兴趣；培养幼儿对自然、艺术作品、周围环境中的美的事物的热爱之情。

第三，技能目标：初步学会在自己的作品中对线条、色彩加以运用。初步运用肢体、表情、语言等表达自己欣赏作品后的感受。

（2）中班（4～5岁）

第一，认知目标：通过欣赏艺术及周围生活环境中的美，感知其中的形式美的成分；初步理解艺术作品中颜色、线条、节奏、旋律等要素的表情达意作用。

第二，情感目标：通过欣赏艺术及周围生活环境中的美，培养幼儿对幼儿园、家及周围环境的热爱之情以及感受艺术创造的快乐，培养幼儿热爱劳动和对劳动者、劳动产品的热爱之情。

第三，技能目标：能说出自己喜爱或不喜爱某事物或环境的理由，并对此作简单评价；能学习用身边的物品和废旧材料来美化自己的生活环境。

（3）大班（5～6岁）

第一，认知目标：通过欣赏，能初步感受并喜爱环境、生活中的美，初步理解艺术作品中的形式美。了解自然、环境与人类生活的关系，有初步的环保意识；了解美的形状、色彩、结构、节奏、音色等要素在艺术作品中的表现作用；了解一些绘画与音乐的表现技法。

第二，情感目标：喜欢各种不同的美的形态；喜欢动植物,喜欢亲近大自然；喜欢用语言、绘画、各种表演性活动来表达自己对美的人、事、物的喜爱；喜欢展示自己美的创造与喜欢欣赏别人美的创造。

第三，技能目标：能用自己喜欢的方式表达出对周围环境与生活中美的事物的喜爱之情；能用自己喜欢的方式进行艺术表现活动。在欣赏、评价美的事物时能大胆而较贴切地讲出自己的感受。

幼儿园美育的目标要求是多方面的，在重视幼儿审美教育的同时，应着重发展他们对美的想象力和创造力，只有这样，才能使幼儿的素质获得全面发展。

2. 幼儿美感与幼儿美育的特点

（1）幼儿美感发展的特点

每个人与生俱来便有"美感"，不管它是以哪一种形式存在，都能令当事人心中产生一种感动，但是成人所认知的"美"却因为受到个人学习经验、环境与社会价值影响而与幼儿有所不同。哈佛大学著名的心理学家加纳研究显示，人的美感知觉发展可分为几个阶段：①知觉期。这是美感最早萌发的时期，约在出生至2岁，这个阶段的幼儿能够敏锐地分辨客观事物的特质，如长短、颜色、大小、深浅等，所以是"美感"概念的建构期。②符号认知期。在2～7岁，这个阶段的孩子以洗澡盆为船、以易拉罐拉环代表戒指，符号对他们而言，就是真实的世界，因为想象空间大，所以接受"美"的能力也非常强。③坚持写实期。在7～9岁，这个阶段的孩子对于意象的描述，强烈要求与实物相同，会认为像照片一样真实的画才是好画。④主观美感期。在9～13岁，这一时期已经进入讲求自我的青春期，所以会特别强调风格与独特，注重主观意念表达，在审美方面具有非常强的个人意识。⑤美感投入期。在13～20岁，此时期美感知觉发展的特征是能够批判选择，对艺术要求深入了解，有形式分析能力与相对的判断标准。

从上述的各发展阶段，个人的美感知觉会随着成长而改变，如果给予正确的引导，美感知觉就会加强，相反，它也会因为忽视或错误的学习而退化。幼儿美育是根据幼儿身心特点，利用美的事物和丰富的审美活动来培养幼儿感受美、表现美的情趣和能力的教育，幼儿的身心发展的特点决定了幼儿美感发展的特点。

婴儿心理学实验证明，两个月大的婴儿视觉已经能够集中于物体，三四个月开始对颜色有分化反应，偏爱红色，红色能引起幼儿注视，使其手足欢动。两三个月的婴儿能听音乐声和说话声，对有节奏的声音表现出愉快情绪，但这些对美的反应基本属于无意识反应，不是真正的美感。一岁左右的孩子，已具有对声音、颜色、形状的初步分辨力，并开始理解语言，学习语言。对色彩鲜艳、音响悦耳的玩具表现出兴趣和喜爱，在成人富有感情的语言、表情、动作的伴随下，他们开始对"美"这个词与美的事物的感知建立联系。两三岁的儿童能将"美的""好看的"语言与所接触的玩具、漂亮的衣服、好看的图书、花草等事物和现象联系在一起，并模仿成人的情感体验，表现出喜悦、愉快。这个年龄段的幼儿，是通过模仿而产生美感的，即在成人美感的直接影响下产生的。例如，给一个一岁的女孩头上扎了红色的蝴蝶结，把她带到镜子面前，一边照镜子一边告诉她："你头上戴了大红蝴蝶结，真美丽！"在富有感情的语言、喜悦的表情、手势和直观美的对象多次出现时，幼儿便渐渐对扎蝴蝶结有了美感。但此时幼儿自己尚没有形成独立的美感反应，这是模仿成人的结果。如以后再让幼儿将表示美的词与花衣服、彩色玩具、庭院花卉、图画书以及动听的音乐等可感知的事物逐一建立联系，并让他们将美与不美的现象加以对比，他们的审美感知能力就会增强。随着知识与经验的增长，在学前晚期，幼儿能够欣赏多种形态的美，能够分析一些美的性质，能够在日常生活中表现美，在艺术活动中创造美，开始有了真正的美感反应。如幼儿会把图画书整理得很整齐，在游戏时会布置、美化娃娃角，在绘画和唱歌比赛中能表达出对美的追求。

幼儿美感的最初发生和发展，不是先天赋予的，而是在教育活动中获得的。所以要提供给幼儿色彩、声音、形体等多样的美的刺激，为他们模仿成人的美感创造条件，并进一步扩大幼儿感受美、创造美的范围。

幼儿美感表现有着自身的特点：①情绪性。幼儿的美感表现是与良好的情绪体验相联系的，带有情绪性。幼儿在积极情绪下产生美感，在消极情绪下对美的事物反应差，甚至产生反感。例如，在教育影响下，幼儿对一件已经褪色的旧衣服，会因为熟悉又舒适合体而喜欢它，认为它是美的。又如幼儿最喜欢自己的妈妈，认为妈妈总是最好看的，因为妈妈常会给他带来快乐。幼儿身体健康、有安全感、个体需要得到满足时，情绪常是良好的、积极愉快的，这时能对周围事物产生美的感受。②表面性。幼儿的美感表现比较肤浅、幼稚、带有表面性。幼儿喜爱鲜明、艳丽的颜色，不甚注重色彩的协调。如三岁的幼儿最先认识的颜色是红、黑、绿三色，在涂色时也喜欢选用这三种颜色。幼儿喜欢听明快、变化明显的曲调，喜欢听故事中描述动态的情节。幼儿对表面的、简单的形式美容易感受；对内在美的感受、对美的表现形式的比较与选择，则在学前晚期才开始发展。③行动性。幼儿对美的感受多通过动作、表情、语言及活动等方式表达出来，带有行动性。幼儿对美的东西总喜欢看一看、摸一摸、听一听、闻一闻，往往通过操作和活动等多种方式来探索得到美感。如看到一个美丽的玩具娃娃，就会去亲一亲它，听到一首快活的乐曲，幼儿会随着乐曲的节奏动起来。幼儿不能静静地欣赏美，他们接受美时总要和一定的动作或活动相伴随。

（2）幼儿美育的特点

幼儿美感的特点决定着幼儿美育的特点，幼儿美育具有形象性、情感性和娱乐性三个特点。

第一，形象性。

形象性是美育的基本特点。无论是自然美、生活美还是艺术美，总要通过一定的形象表现出来，没有形象就没有美。对于学前晚期的儿童，随着其活动范围的扩大、感性经验的增加和语言的逐步丰富，其思维也有了一定的发展。但是，这一年龄阶段儿童的思维仍然主要是依赖于事物的具体形象而进行的。在审美教育过程中，不能脱离他们本身的认知、思维发展水平和已有的生活经验而向他们灌输抽象的概念，幼儿美育的内容、材料、形式及方法都更多地体现出形象性的特点。

提供给幼儿的审美对象无论是来自大自然、日常生活还是现成的艺术作品，都要具有鲜明的形象。对幼儿来说，直观形象既可以是具体化的视觉形象（如自然界的各种景物或是有具体画面的美术作品等），也可以是听觉形象。虽然听觉形象不能以具体的画面呈现在幼儿面前，但是通过教师和成人运用具体形象的辅助手段（如画面展示和讲解等），同样可以帮助幼儿展开丰富的想象，从而使其领略到其中美的意境。幼儿文学作品也一样，需要注意有鲜明的形象，抽象的说教幼儿是不会接受的。儿歌中运用的强烈的节奏与押韵（如"大白鹅，头一昂，眼睛长在脑门上……"），童话中拟人动物为主的角色，语言方面表色彩、表声音、表动作的词的大量运用，目的都是突出作品形象，使幼儿更好地感知作品的美。

第二，情感性。

除了形象性特点之外，情感性也是幼儿美育的重要特点之一。幼儿美育的目的是培养幼儿初步的审美感受和欣赏能力，它是一种诉诸幼儿情感的教育。幼儿美育不是局限于艺术技能的教育，所以让幼儿掌握艺术技能并不是唯一或主要的任务。幼儿美育注重对幼儿情感上的熏陶，它必须摆脱成人的功利目的，而以发展幼儿精神上的快乐体验为主要目的。

此外，幼儿情感正处于由低级向高级逐步发展的重要时期，其情感体验也在逐步丰富，寓于情感的美育活动对他们的情感发展起着明显的推动作用。幼儿在美育活动的过程中不但能体验到情感上的愉悦，同时也能对美的事物产生情感上的共鸣，审美感受力和审美情趣会在潜移默化中得到发展。所以在审美活动中，为幼儿创造一种情景，使他们身临其境，以加深他们对美的事物的感受是非常必要的。目前，幼儿教师在教育教学中创造了许多方法和手段，如情景教学、快乐教学等，这些都是美的教育的典范，因而也获得了极大的成功。另外，在幼儿童话创作中也出现了一些能恰如其分地调动幼儿情感体验的悲剧性质的故事，也是幼儿园开展美育活动的很好教材。

第三，娱乐性。

美育是个人在爱好中形成、在娱乐中接受的教育。看戏的人往往不是为了受教育才进戏院，而是去娱乐、去享受美的。当一位观众看完喜剧，快乐且满足地离开剧场的时候，虽然他不自觉地接受了情感上的熏陶、心灵上的洗涤，但他首先选择的是一种休闲方式、一种娱乐方式。所以"寓教于乐"是美育的一个重要特点。

游戏是幼儿最重要的活动。儿童追求快乐的天性使他们对一切游戏性的活动都充满兴趣。因此，将美育寓于游戏和娱乐中，是幼儿美育的又一重要特点。幼儿的美感或多或少是与本体参与性质的快感相联系的，属于较低层次的美感。所以带有游戏性的美育活动，不仅能吸引幼儿积极地参与，也可以更好地促进儿童形成活泼开朗、积极向上、主动探索的个性。

幼儿美育的游戏性首先体现在它的内容上。幼儿美育的很多材料本身就带有一定的游戏性。比如一些民间游戏、儿歌及表现儿童情趣的手工制作等，它们生动有趣，操作性强，很受幼儿的喜爱。为此，教幼儿学唱歌，歌曲一定要旋律优美、节奏轻松。给幼儿讲故事，考虑到幼儿思维的具象性特点，故事中的人物形象一定要鲜明生动（如蓝精灵、黑猫警长、没有牙齿的大老虎等），故事情节一定要生动而富有幼儿情趣，往往带有一种稚拙美（如小猫尿床的痕迹是一条鱼、老鼠妈妈请猫当保姆照看小老鼠），纯真美（如为了漂亮，晴天穿雨衣到幼儿园来，冬天给鱼缸里的金鱼加开水）和荒诞美（蛤蟆大姐和水牛大哥结婚、人和树对话）。让幼儿学唱的儿歌也必须是朗朗上口的（如"满天星，亮晶晶，好像青石板上钉铜钉"）。让幼儿画画，命题也必须是幼儿感兴趣的（如"海底世界""动物超市"等）。没有这些成分，是很难收到美育效果的。

除了体现在内容上，幼儿美育在形式上也体现出游戏性的特点。这种特点主要表现在美育活动形式的灵活性和多样性上。美育活动既可以是集体活动，也可以是小组活动或个别活动。还可以通过角色游戏、结构游戏等使幼儿在轻松愉快的氛围中获得美感的发展。

审美过程会使幼儿感到精神自由、舒畅，所谓"随风潜入夜，润物细无声"就是对幼儿美育特点最好的比喻。事实证明，幼儿的美感是可以通过幼儿园的启蒙教育被培养起来的，有些科学家甚至主张从胎儿时期就应该开始给幼儿以美感刺激。

总结以上几点，在实施幼儿美育时要注意以下几点：第一，用具体鲜明的形象引导幼儿直接感受美，而不要求对美的形象从逻辑上进行过多的分析和理解；第二，以培养幼儿审美情感，而不是以培养审美观念、概念为主；第三，以培养幼儿表现美的兴趣为主，而不以训练技能技巧为主。

3. 幼儿美育的作用

第一，有助于塑造幼儿美好的心灵。

美育的目标与德育是一致的，都是要培养幼儿美好、善良的心灵。只是德育侧重于以理服人，美育则侧重于以美动人、以情感人。比如有趣的故事、神奇的童话，常常可以使幼儿明白什么是美的、什么是丑的、什么是好的、什么是坏的。阿·托尔斯泰的《拔萝卜》，能激发幼儿团结友爱的高尚情感；雷锋、黄继光的故事，可以使幼儿学到助人为乐、勇敢顽强的精神；参观名胜古迹，游览名山大川，可以使幼儿热爱生活，并激起他们热爱祖国大好河山的情感。对塑造幼儿美好心灵来说，"寓教于美"是效果最好的。

第二，有助于发展幼儿的智力。

审美教育有助于幼儿智慧和想象力、创造力的发展。幼儿所接触到的美的事物及在创造美的活动中所整合的各种知识经验，以及他们通过审美活动发展起来的直觉能力和空间想象能力，对抽象的逻辑思维起着互补作用，这有助于幼儿一般智慧的发展。很多事例表明，在幼儿期就有浓厚的审美活动兴趣并经常参加审美活动的人，在他们上学后即使是在有固定知识结构的学习中，也往往表现出感悟力强、思维敏捷、想象力丰富、动作灵敏协调、感情充溢等特点。一定意义上说，艺术中的灵感、科学中的顿悟，也是审美教育的成果，是美育对智力开发的贡献。

第三，可以愉悦幼儿性情。

美育是一种情感的教育，陶冶情感、塑造心灵是它的基本功能。幼儿美育的实施，首先需要幼儿充分调动感官，观察和感受自然、生活和艺术的美。任何美育活动都要建立在幼儿对外界的感知基础上。这种初级的感官感受虽然还只是停留在生理上的，但是一旦失去了这种感受，幼儿更高级的情感和想象活动就失去了基础。只有当这种初步的感知引起了幼儿愉悦的体验以后，才能进一步引起他们的想象和情感上的共鸣。有了这种愉快的审美情感，无形中就促使幼儿更加喜欢运用感官寻找、观察和感受生活中的美，通过美育活动，幼儿的"情商"也会得到提高。

第四，可以增进幼儿健美体态。

健康的体质主要来自体质教育，但据现代心理学和生理学研究表明，当人心情愉快，消除各种困扰精神的因素时，会促进有益于身体健康的生物化学物质的分泌，可以增进健康。审美教育引导幼儿享受精神愉悦的过程，不能不说对心理健康是有益的。除此之外，审美教育还与幼儿体态、动作、行为、举止美的培养相联系，审美教育可以与体质教育自然并行，而不是像与智力、德育教育那样还隔着一层理性的屏障。姿势、动作的美本身就是审美教育的内容，凡是身体感性形式符合审美规律的，都有助于身体健康的发展。教育家蔡元培认为，体操者，一方面以健康为目的，一方面以身体为美的形式之发展。幼儿审美教育与幼儿健康教育目标也是一致的。

综上所述，美育对于幼儿的全面发展，具有十分重要的意义。它对幼儿完美人格的形成具有不可小觑的影响，它为幼儿对未来积极生活态度的树立提供有利条件。

二、幼儿美育的实施

（一）幼儿美育的实施形式

研究表明，3～6岁幼儿的思维特点是以具体形象为主，他们的抽象逻辑思维才刚刚萌芽。因此，幼儿美育并不是在专门课程中才能实施的，而应该贯穿在幼儿和同伴以及与成年人的种种交往关系之中。简而言之，幼儿园的日常活动、各种游戏及环境创设都可以用来实施幼儿美育。幼儿的生活中，在幼儿游戏、学习、与人交往、饮食起居中处处有美育内容。美育的实施要面向全体幼儿，幼儿园美育的实施还要与幼儿家庭、社会的教育相结合。

1. 游戏过程中的美育

对于成年人来说，童年最美好的回忆莫过于与小伙伴一起打仗滚爬的一身尘灰以及跳皮筋时的争吵。爱玩是幼儿的天性，游戏是幼儿生活最基本的形式。幼儿每天都离不开游戏活动，生动有趣的游戏能强烈地吸引幼儿、感染幼儿，使他们在玩乐中得到满足，感受生活的美好。教师可以通过角色游戏、建筑游戏、桌面游戏、表演游戏、音乐游戏和体育游戏等对幼儿进行审美教育。如可以在角色游戏中为幼儿创设商店、医院、公共汽车、照相馆、理发店等，使幼儿在玩乐中体验关心别人、团结友爱、懂礼貌、爱祖国的情感。而体育游戏中各种美的动作的学习、队形的排列变化、毅力与合作精神的培养，则对幼儿外在美与内在美的造就具有非常重要的意义。音乐游戏能满足幼儿的好动性和表演欲望，对幼儿快乐健康情绪的培养和美感的形成具有积极的作用。

总之，幼儿园各种渗透美育内容的游戏令幼儿神往，能使幼儿废寝忘食，完全进入自由审美的愉悦境界之中。教师可以在幼儿自愿的、自由的游戏基础上，引导他们感受现实生活中美的事物、美的行为和美的语言，使他们在游戏中获得极大的乐趣，身心得到愉悦，并能把这种美的乐趣长期地保留在记忆当中。

2. 环境创设过程中的美育

环境是美育的重要资源。幼儿园是幼儿学习生活的主要场所，为幼儿创设美的生活环境，可以使幼儿得到美的熏陶和感染。幼儿园的环境包括室内环境与室外环境两部分。清洁整齐是环境美的标志，色彩和形式是环境美的表现特点。幼儿园的整体设计及室内外装饰，都应该注意按照美的规律进行构思，同时还要注意表现童趣。如在墙面上画出形态各异的动物画及卡通画，能使幼儿有生活在美妙的童话世界的感觉；在幼儿活动场所的多余空间装饰上布艺、脸谱、剪纸、竹编及用各种废弃物做成的艺术品，能使幼儿在艺术化的环境里得到美的潜移默化的熏陶，从小培养起对中国传统文化的认同感。此外，小班教室的墙面装饰选材可随意些，内容要投幼儿所好，颜色可鲜艳些，形象可大而简单些，位置要适合幼儿的视线，并可随季节的改变进行更换。对于中班的幼儿，可以请他们自行选择主题，参与设计制作教室角区及墙面装饰等。节日活动的环境布置也可让大点的幼儿共同参与，使他们感受参与创造美的乐趣。幼儿园"生物角""观察角""养殖角"的创设有着优化、美化教育环境的意义。教师可选择四季常青、易于管理、形态各异、中小植株、安全无害、花叶齐观的植物，如常春藤、文竹、豆瓣绿、吊兰、广东万年青、水竹、落地生根、景天、虎尾兰、蟹爪兰、小植株榕树、龟背竹等植物美化室内环境。在摆放植物时要注意：①忌过多（注意环境协调）。②忌过乱（注意形态布局）。③忌过集中（注意受光性能）。也可以养一些鱼、虾、蜗牛、乌龟等小动物让幼儿观赏。在创设"生物角"时要注意始终让幼儿一起参与。教师的任务是设计观察与实验的话题（预设、生成），解答幼儿的疑问，结合开展相关的文学、绘画等活动，以使幼儿喜爱动植物，亲近大自然，关心周围的生活环境，并培养幼儿参与环境美化实践的兴趣。如可让幼儿利用各种材料制作插花容器，观赏并说说植物的叶、花、色、形、姿美在哪里，画出动物各种运动的姿态与相互的关系等。当然，教师要通过找资料掌握一些这方面的相关知识，自己首先要热爱这些带给生活乐趣的有生命活力的自然物。

另外，还可以经常组织幼儿到室外参加环境美化工作，让绿草有他们的浇灌而更加娇嫩，花儿有他们的呵护而更加鲜艳。在美的环境中，幼儿心理上能产生愉悦感，这有利于他们健康和谐地成长发展。同时，教师应引导幼儿按自己对美的体验，动手动脑改造这小小的世界，组织幼儿参加环境的美化和保护，如节日里在小树上装饰各种各样的手工制作物，冬天给大树穿上漂亮的"保暖衣"等，这些都能培养幼儿表现美和创造美好生活的习惯和能力。

3. 活动过程中的美育

（1）自然领域活动中的美育

自然界是丰富多彩、千姿百态的，山川溪流，品种繁多的花草树木、鸟兽鱼虫，变幻无穷的日月风雨，以及经过人们劳动加工的园林田地、盆景花坛等，它们都以美的形态给人以美的享受。走进自然，亲近自然美，会使幼儿对自然界的一切都充满好奇。小到一只蚂蚁，大到蓝天白云，他们都会拉着老师的手去看他们的新发现。幼儿从小开始接触自然，从观看个别的自然物体开始，再扩大到观赏一定范围内的自然景物，随着他们理解能力的提高，视野的扩大，领略自然美的深度与广度也会增加，审美能力也会增强。春天，花儿开放，大树萌出嫩叶，这时带幼儿游植物园或到农村、山旁，幼儿除能欣赏到姹紫嫣红的花卉田园外，还能感受到蝴蝶的色彩与对称美，蜜蜂的飞舞与辛勤劳作美，还有春风的和煦、阳光的明媚、花儿的鲜艳、小溪的歌唱……带幼儿游动物园，孩子们在说着"美丽的孔雀""机灵的猴子""勇猛的老虎""狡猾的狐狸"的同时，也会感知到动物真实、具体、生动的美的形象特点，以及它们富有生命力的各种生活习性。自然界的季节更替，气象变化，动植物的繁殖生长，都是能使幼儿充分感受自然运动变化美的教材，都能使幼儿在观赏的愉悦中产生探索大自然的愿望，激发起他们对自然、对家乡的热爱之情，培养起他们最初的健康欣赏自然的情趣。如一位家长记录的孩子在一段春游后的口述感受是这样的："终于可以去春游了！幸亏我晚上做梦时跟小龙女的龙王老爸打了招呼，所以老天才没有下雨。我们爬上了高高的山顶，看到了一只臭屁虫、两只小蛤蟆，还有许多许多的小野花。我们在黄色的泥土里仔细找一棵棵的小笋尖，可惜我们挖出来的都是笋宝宝。因为笋爸爸、笋妈妈都变成毛竹了！在吃农家菜的时候，大家蹿来蹿去可热闹了。不过我们最感兴趣的还是那只大水缸，可惜我们把它给污染了，还没来得及对农民伯伯说对不起，我们就回来了。一回到家，我就马上变成呼噜猪了！"大自然是美的永恒源泉，教师应当充分利用大自然来对幼儿实施美的教育，经常带领幼儿到千姿百态、气象万千的大自然中去，让他们呼吸新鲜空气，领悟鸟语花香、桃红柳绿，以使幼儿的情操得到陶冶，使幼儿感受美、欣赏美和创造美的能力得到增强。

（2）社会领域活动中的美育

人际关系中的美是通过人际交往感受人与人之间和谐友爱关系时所产生的一种愉快心理体验。而人际关系中的美感对人的心理影响是十分重要的。所以在幼儿园的美育中，要重视培养幼儿与幼儿之间、幼儿与教师之间、幼儿与其他成人之间的和谐友爱关系。小朋友之间的和谐友爱关系，可以使幼儿学会关心他人、帮助他人、齐心向上，教师对幼儿的关心和鼓励，可以激发幼儿极大的学习兴趣等。

在幼儿园中，幼儿集体与教师共同参与的节日活动和文娱活动的内容和形式是丰富多彩的。如节日活动有游艺会、运动会、联欢会、幼儿喜欢的物品（如玩具、小动物、植物、小制作）展览等。文娱活动有观看木偶戏、影视、艺术表演及亲子活动等，它们能给幼儿带来欢乐，给幼儿留下深刻的印象。如六一儿童节可组织幼儿进行歌舞、绘画、诗歌朗诵等表演，组织趣味体育比赛，让幼儿充分发挥表达美的才能，展示美的创造，感受美的氛围和美的事物给他们带来的愉悦。这些活动还配合有环境的布置，幼儿可以感受多方面的美。此外，让幼儿适当地参与饲养和种植活动，以及环境布置等，也有助于加深幼儿对美的感受，有利于培养他们创造美的能力。

带幼儿去街上，让他们认识宽广的马路、琳琅的橱窗、雄伟的建筑、优雅的装饰，还有地方特产、风味小吃、民间工艺品等；带幼儿去工厂、农村、商店、市场等处，让他们认识各行劳动者，感受他们的劳动创造，这些都可以作为培养幼儿美感的重要手段，可以促进幼儿对周围环境的认识，并加深他们对社会美的认知。当前大部分的城市居民聚居的社区既是幼儿园赖以生存与发展的"根据地"，也是幼儿社会化的课堂。社区中有着丰富的人脉资源，如各行各业的人；社区中还有着丰富的环境资源，如菜市场、植物园、银行、广场等。应充分利用这些社区资源，让幼儿走向社会，用多样化的社会活动形式，让幼儿了解社会，学会与他人交流合作，获得情感的体验。如重阳节可以请社区的老爷爷、老奶奶到幼儿园来，组织多种形式的老少同庆联谊活动，培养幼儿尊敬老人的情感；还可以组织幼儿与福利院残疾儿童共度元旦等节日，与警察叔叔一起联欢。通过这些活动陶冶孩子的情操，塑造他们美好的心灵。

然而广阔的社会环境和丰富的社会生活中的事物和现象是复杂和多样的。一方面要注意选择那些社会生活中的美好事物、文明的现象、有激励作用的事件来加深幼儿对美的体验。另一方面，对于那些落后与丑陋的现象，要有意识地控制和削弱它们的影响力，也可把它们作为反面教材，使幼儿在对比中分清美与丑、善与恶，最终达到预期的审美教育的目的。

（3）艺术领域活动中的美育

《幼儿园教育指导纲要（试行）》指出，艺术是实施美育的主要途径，应充分发挥艺术的情感教育功能，促进幼儿健全人格的形成。要避免只重视表现技能或艺术活动的结果，而忽视幼儿在活动过程中的情感体验和态度的倾向。在幼儿美育内容中，艺术教育居主要地位。因为艺术美直观、鲜明和富于表现力的特点不仅能使幼儿易于接受、引起情感上的共鸣，而且对发展他们的审美能力也有极大意义。通过艺术教育还可以使幼儿更深刻地认识现实、陶冶性情、发展智力。以下以音乐、美术为例，谈谈幼儿园如何在艺术领域开展审美教育。

第一，音乐。

音乐是一种声音艺术，音乐活动是一种让幼儿通过各种感官去感知美的节奏、美的音响、美的旋律，从而形成美的情感的活动。它对丰富幼儿的想象力、创造力，促进幼儿完美的个性及健全人格的发展，提高幼儿的审美能力有着举足轻重的作用。

在音乐活动中，教师需要通过唱歌、欣赏音乐、游戏和舞蹈等内容，教幼儿有表情地唱歌，并合着音乐做出优美协调的节律动作或舞蹈动作，培养幼儿初步的音乐欣赏能力和唱歌、跳舞的简单技能，发展其音乐才能和对音乐的欣赏力、想象力、创造力。幼儿园音乐欣赏活动是一个让幼儿通过聆听对音乐作品进行感知、理解、初步鉴赏及表现的过程。作为幼儿美育教学的重要组成部分，幼儿音乐欣赏教学在培养幼儿的听觉能力、音乐感受能力、音乐审美能力、联想能力等方面发挥着重要的作用。幼儿园音乐欣赏的过程，也是启发幼儿热爱艺术、增强幼儿音乐记忆能力、丰富幼儿知识的过程。在这个过程中要注意：①营造音乐教学环境，培养幼儿审美感知。②优化音乐教学过程，启发幼儿审美探索。③采用丰富多彩的教学手段，增强幼儿审美情趣。另外，选择合适的教学内容在这个过程中起着较关键的作用。首先为幼儿选择的音乐作品应该是幼儿所能理解并能唤起他们兴趣的。无论是歌曲还是器乐曲，其内容、形式或情感都应该能为幼儿所接受。然后为幼儿选择的音乐欣赏作品必须具有较高的艺术水准，有较好的演唱或演奏质量。富有艺术美的音乐作品能扩大幼儿的艺术视野，丰富幼儿的音乐欣赏经验。如《溜冰圆舞曲》《梦幻曲》《四小天鹅舞曲》《瑶族舞曲》《步步高》等中外名曲，都可以给幼儿带来丰富的审美体验。即使有的作品篇幅较长、结构较复杂，也可以通过适当的删编让幼儿欣赏。

受身心发展水平、知识经验、音乐经验等限制，在音乐欣赏的过程中，幼儿一般很难像成人那样仅仅通过安静倾听的方式来获得对音乐的感性体验或理性思考，教师往往需要借助一定的辅助手段，以丰富和加强他们对音乐美的感受。辅助手段有：①能反映音乐节奏、旋律、结构、内容、情感等简单的，幼儿能较容易掌握的身体动作，它们可以是节奏动作、舞蹈动作、打击乐器操作动作甚至是滑稽动作等。②能反映音乐的形象、内容、结构及节奏特点的视觉材料，它们可以是图片、录像，也可以是玩具。材料的线条、构图、造型、色彩、形象等必须与音乐的性质相符合。③含有音乐所表达的意境的有声语言材料，如文学作品本身的内容、形象、情感、表现手法都可真实而贴切地烘托出音乐所要表达的意境和气氛。选择语言辅助材料时还需要注意文学材料本身的审美性，并能为幼儿所熟悉、理解、喜爱。再就是在经济条件许可情况下尽量选用高质量的播放器材，以保证欣赏效果。因为劣质的播放器材会使欣赏效果大打折扣甚至会损害幼儿的健康。

第二，美术。

美术是一种造型艺术。美术教育活动主要是通过绘画等形式培养幼儿的观察力和表现力，能激发幼儿感受形式美，提高幼儿审美情趣，丰富幼儿的审美经验，并能使他们体验自由表达和创造的快乐。幼儿园美术欣赏活动是一种直观的审美活动。在美术欣赏的过程中，能调动幼儿的感知、想象、理解、情感等心理因素，对美术作品的形式及其意味进行体验和认知。

幼儿在两岁以后，特别是三岁左右是审美欣赏发生的敏感期，但是相对于成人来说，幼儿的欣赏还处于浅表层面，理性的成分不如成人。在幼儿早期阶段，受其心理发展水平的限制，他们不像成人那样能把注意力集中在对象的形式和结构上面，他们有一种"求实"心理，即注意欣赏对象的内容，而忽略其形式。另外，我国学者张奇等人的实验结果表明，幼儿评价同伴和自己所画图画的标准是，图画得是否像实际的物体，颜色是否均匀、鲜艳、丰富，线条画得是否平直和圆滑，画的事物是否生动感人等。幼儿的评价还极易受教师和同伴的影响，而且年龄越小，受的影响越大。所以，首先，在幼儿美术欣赏内容的选择上，选择的作品要既适合幼儿的现有水平，又要有一定的挑战性；既符合幼儿的现实需要，又要有利于其长远发展；既贴近幼儿的生活经验、符合他们的兴趣，又要有助于拓展幼儿的经验。一般而言，适合幼儿欣赏的美术作品包括色彩丰富、主题明显的中外绘画，雕塑名作，艺术价值较高的手工艺术品等（如西方古典风景画，中国画中的动物画，民间的剪纸、风筝、脸谱、陶艺等）。幼儿图画书中精美的卡通画或教师的优秀美术作品也可作为欣赏材料。其次要注意各个年龄段在评价欣赏对象上的差异。如小、中班幼儿对接近他们生活经验的事物如幼儿日常服饰、四季不同景色、班级的环境布置等这些可以直观观察到的、便于产生感性认识的景物感兴趣。大班幼儿，由于生活范围的逐渐扩大，思维能力、理解能力有了一定程度的提高，欣赏对象趋于多样化、复杂化，教师也可以为他们提供如铜版画、雕塑、抽象派作品这样的欣赏材料。

绘画是幼儿表达对世界认识的一种语言，让幼儿作画主要是培养他们表现美与创造美的兴趣。对技巧要求不应过高，但也不能撒手不管，要帮助他们从点、面和对色彩的感觉入手打好表达美的基础，并逐步提高表达美的技能。绘画的形式也不要停留在平面上，可通过在各种形状的物品上随心作画来培养幼儿利用色彩、线条及形状对造型的兴趣。如可以教幼儿在各种瓶子、杯子、盒子、蛋壳甚至在帽子、衣服上作画；也可以让幼儿在布、陶瓷、塑料等不同质地、不同形状的材料上画出不同主题的作品；而废弃的毛线、书报、纽扣、糖纸、贝壳还有染色的米粒、豆粒、沙子、树叶等也能用作绘画材料。在画的内容选择上也应是幼儿感兴趣的。在指导幼儿绘画时不管幼儿画得好不好、像不像，教师都要倾注一片爱心，给予充分的肯定与鼓励，让幼儿有一种成功的体验，从而激发他们动手与创造的兴趣。这是因为幼儿的创作过程是他们表达自己认识和情感的过程，所以教师应支持幼儿富有个性和创造性的表达，克服过分强调技能技巧和标准化要求的偏向。教师还要做个有心人，善于发现幼儿的每一点进步，及时给予肯定，让幼儿树立创造美的信心。如某个幼儿动手能力较差，对绘画活动感到害怕，教师就应鼓励他到绘画区试一试。教师期待的目光、热情的鼓励，如"不错呀，这颜色真好看"等语言都会对幼儿审美感觉和审美创造力的培养起到重要作用。

幼儿艺术活动的能力是在大胆表现的过程中逐渐发展起来的，教师的作用主要在于激发幼儿感受美、表现美的情趣，丰富他们的审美经验，使之体验自由表达和创造的快乐。在此基础上，根据幼儿的发展状况和需要，对表现方式和技能技巧给予适时、适当的指导。这也是教师在指导美术活动时必须明确的职责。

（4）语言领域活动中的美育

这里主要谈谈幼儿文学欣赏在幼儿审美教育中的作用。幼儿文学是诉诸听觉的快乐的语言艺术，幼儿文学欣赏活动主要是通过听故事、朗读儿歌、阅读图画故事书、观看影视作品等方式来向幼儿传达美的语言、美的形象与情趣的活动。幼儿文学作品内容丰富、基调乐观向上、形式活泼多样、语言浅显优美，不但可以丰富幼儿的知识，发展幼儿的语言，而且可以使幼儿得到美的熏陶，对发展完善幼儿的良好人格具有特殊作用。幼儿接受文学作品首先是要感受到作品的美，其次才是体悟作品中蕴含的知识与思想品德教育内容。优秀的幼儿文学作品首先应具有幼儿审美情趣，不管是"寓教于乐"，还是"纯娱乐"的，都能给幼儿以审美愉悦，对幼儿形成乐观开朗的性格起到良好作用。儿歌中的音韵与节奏能培养幼儿的语感；童话、图画故事书中的人物、情节与幻想成分对幼儿有很大的吸引力，能带给幼儿以欢快的情趣，帮助幼儿辨别真善美与假恶丑。幼儿文学表达的主要是以活泼、纤巧、柔和、明朗为代表的"优美"；还有以轻松、快乐、滑稽、荒诞、幽默为代表的"喜剧"，这些都能给幼儿以身心舒适的审美享受。而少量具有崇高美与淡淡的悲剧美的作品如《小青虫的梦》《流星花》《海的女儿》《去年的树》等也能引起幼儿的深层情感震撼。

由于文字形式的幼儿文学作品的第一读者是教师、家长等成人，幼儿是第二读者，他们主要是通过听的形式来接受作品内容，所以成人在选择与讲解作品时必须把握好幼儿审美情趣，而在传授上则需注意方法与对象的吻合，可以运用多媒体、游戏、表演、音乐等辅助手段把作品的美表现得淋漓尽致，使幼儿乐于接受作品中健康的教育内容。如在散文诗《梦姑娘的花篮》的欣赏过程中，一位教师就采用了先让幼儿听音乐《小夜曲》，再进行联想的引入手段。故事讲完后又采用了让小朋友续编梦境的手段。教师问："小朋友，你们在音乐里听到了什么？小朋友的回答有："听到了公主流下了眼泪""听到了小鸟在蓝天飞""听到了有一个舞会""听到了柔美的雪花在飘""听到了小丑在表演"。在这里，通过听与说，幼儿的审美想象得到了充分发挥，其对文学作品的意境美也有了较好的理解。

幼儿的认知能力有限，文学欣赏中对于含义较深的作品如《丑小鸭》《岩石上的小蝌蚪》等，还有许多诗歌作品，教师不必非要向他们讲清创作原旨或主题，而只要让幼儿记住有这么一个感人的作品就可以了。对小班幼儿而言，许多儿歌也只是像嚼口香糖一样过过"口瘾"而已（如"丫头丫，打蚂蚱。蚂蚱飞，丫头追。蚂蚱跳，丫头笑"），教师不必非要强加给他们一个思想教育主题。因为在文学欣赏时过多的理性介入会冲淡幼儿对作品美的内涵的感受。请相信，随着幼儿的长大，他们自然会较好地去"反刍"作品的道德与美学内涵。

幼儿的早期阅读应以看图画书为主，主要培养幼儿阅读与欣赏图画故事的兴趣，而不是以识字为主。从美的形态上看，幼儿图画书不但形象鲜明、色彩鲜艳，而且故事画面安排得当，能引起幼儿对画面连接处的想象。通过阅读活动，幼儿不但能自悟到文学故事的美，而且也能养成一页一页地翻着看"书"的习惯，为将来阅读文字书打下基础。

（5）健康领域活动中的美育

在幼儿健康教育中，首先可通过各种具体的体育活动使幼儿建立起正确的人体美的观念，并学习欣赏健康的身体与协调灵敏的动作。教师要通过走、跑、跳、掷、钻、攀、爬等活动使幼儿不断地朝着匀称、健壮的形体与自然协调的动作姿态目标努力。在幼儿健康教育中还应该强调培养幼儿健康活力、充满阳光、积极向上的社会美品性，因为人的自然形体美总是同社会品性美紧密联结在一起的。也就是说，幼儿的各种体育活动不仅能培养幼儿的形体美与追求协调的动作技能，更可以通过集体活动使他们学会欣赏他人、欣赏自我，并形成勇敢坚定、友好竞争、团结协作等优良品质。幼儿园舞蹈活动往往与音乐活动中的律动、体育活动中的各种肢体动作相融合，舞蹈与体育对身体美和社会美的要求也是殊途同归的。幼儿健康美的教育不仅是人体美的教育，更是一种人格美的教育。

幼儿操动作的设计也不只是伸伸手、弯弯腰、踢踢腿那么简单的事，而是在各种明快的音乐伴随下，以韵律操、拍手操、武术操、器械操、模仿操等形式，让幼儿对节奏韵律、对称均衡产生美感；而在动作进行的过程中，快乐情绪的抒发，更能使幼儿体验到运动带给人的精神舒畅感。又如，把幼儿的行走与各种不断变化的队列结合在一起，形成一个个运动的图形，也可让幼儿体验到整齐一律与生动完整的美。另外，教学中教师不仅要注意技术动作的形成、表现过程中的艺术性，还要发挥创造性，运用合乎幼儿生理特点的活动方式和主题，组织好各种渗透美育的体育活动，这样才能在给幼儿健康体魄的同时，给他们以"审美的眼睛"和"音乐的耳朵"。另外，在健康领域中还可以通过指导幼儿形成良好的卫生习惯等，使他们感知生活用品摆放整齐一律与个人仪表整洁干净之美。

事实上，目前许多幼儿园往往是以牵涉到多个领域的"主题活动"的方式来开展教育活动的，而在这样的活动中又通常会含有一个审美的目标，如"感知春天的季节特征，萌发热爱大自然的情感"等。教师可以通过环境创设、区域活动中各种内容的安排、为幼儿提供相关的图书资料、安排合理的艺术欣赏活动与创作活动、带幼儿接触自然与社会等形式来实现这一目标。

（二）幼儿美育的实施途径

1. 幼儿园

幼儿园是幼儿生活与受教育的地方，幼儿园的硬件设施与幼儿教师是幼儿美育实施的两大要素。《幼儿园教育指导纲要（试行）》指出，幼儿园应为幼儿提供健康、丰富的生活与活动环境，满足他们多方面发展的需要，使他们在快乐的童年生活中获得有益于身心发展的经验。幼儿园环境创设的整体思路要按照这一原则来进行，但在具体实行时还应本着"美化""童趣"与"节俭"的原则，给幼儿自由创造美、表现美提供充分的空间和足够的材料与工具。

幼儿园环境的创设应把幼儿的自主探索、学习放在重要的位置，避免以教师的爱好和兴趣来代替幼儿的需要。美的生活环境可以熏陶幼儿的情感，引起幼儿对美的情趣。在环境的创设中应讲求"整体规划、充分利用、注重教育"的综合功能，设立各种户外活动区域。体育活动区可以放置各种可以操作的玩具（如传统玩具高跷、铁环等）；也可设玩沙玩水区、观察区、动植物饲养区等；还可以在室外墙壁上画上幼儿喜欢的形象生动的卡通形象等。幼儿园播放的音乐要以轻松活泼为主，音量要适中，有条件的尽可能配上好的音质的播放器材。在室内可建立各种活动角、图书角、娃娃之家、儿童医院、科学实验角、自然角，走廊上可为幼儿设立艺术作品陈列窗，墙上可为幼儿设立可以自由作画的小画廊等。这样，孩子们来到幼儿园，犹如进入了一个梦幻的美妙世界。处在这样充溢着美的氛围中，他们稚嫩的心田会得到美的陶冶，身心会得到健康和谐的发展。

幼儿园的教育活动，是教师以多种形式、有计划地引导幼儿生动、活泼、主动活动的教育过程。在幼儿美育的实施过程中，幼儿教师起着关键的作用。《幼儿园教育指导纲要（试行）》指出，教师的作用应主要在于激发幼儿感受美、表现美的情趣，丰富他们的审美经验，使之体验到自由表达和创造的快乐。在此基础上，根据幼儿的发展状况和需要，对其表现方式和技能技巧给予适时、适当的指导。幼儿教师在设计活动方案时一般也会有一个和美育有联系的目的。幼儿教师在美育实施过程中的作用主要体现在四个方面：①组织。包括运用多种形式合理安排美育活动，用科学、先进的理念设计各种美育内容的游戏、活动的方案，并注意幼儿日常生活中美育内容的渗透；为美育活动的开展准备材料、创设环境；充分利用各种环境教育资源，拓展幼儿生活和学习的空间支持，鼓励幼儿积极参加各种艺术活动，在艺术活动中为幼儿提供自由表现的机会等。这中间教师本身的审美眼光对活动的质量起着决定性的作用。②指导。包括引导幼儿接触周围环境和生活中美好的人、事、物；指导幼儿用自己喜欢的方式大胆表现自己对艺术的感受；帮助幼儿提高表现的技能和能力；引导幼儿利用身边的物品或废旧材料制作玩具、手工艺品等来美化自己的生活或开展其他活动；引导幼儿接触优秀的儿童文学作品，让幼儿感受语言的丰富和优美，并通过多种活动帮助幼儿加深对作品的体验和理解。利用图书、绘画和其他多种方式，引发幼儿对书籍、阅读和书写的兴趣，鼓励幼儿用不同的艺术形式大胆地表达自己的情感、理解和想象等。③示范。在幼儿园美育实施中，教师的文化艺术修养和美学理论修养对效果有着重要的影响。教师职前的良好艺术技能训练是幼儿园美育实施的质量保证。教师富有情感的歌声、舞蹈、律动、朗诵，都对幼儿审美观点的形成起着积极的影响，会在幼儿的心灵播下美的种子，激发他们对美的情感。在对幼儿的技能指导时，教师优美的示范作用也很重要。最重要的是平时教师应用自己美的服饰打扮、美的言谈举止、美的思想行为为幼儿做表率，因为在缺少审美经验的情况下，教师的一言一行是最容易被幼儿认可和模仿的。④总结。包括教师对幼儿平时美的行为及各种有创意的想法与作品给以鼓励性的集体评价。通过各种幼儿感兴趣的形式为幼儿展示自己的作品创设条件，引导幼儿相互交流、相互欣赏、共同提高，让每个幼儿都能接受到美的熏陶。在游戏和活动中尊重每个幼儿的想法和创造，肯定和接纳他们独特的审美感受和表现方式，分享他们创造的快乐。在艺术活动中面向全体幼儿，针对他们的不同特点和需要，运用现代化手段记录活动的过程，并让幼儿感受到成功的喜悦，注意对有艺术天赋的幼儿给以充分的肯定，并注意发展他们的艺术潜能等。

2. 家庭

父母是孩子审美的第一个老师。家长的行为、习惯、爱好和对子女的教育方式，对幼儿审美能力的培养有着重要的作用。一个具有自觉的育儿意识、具有一定的审美眼光、能注意自己的言行美、有高尚健康的业余爱好的家长，对幼儿审美能力的培养必然会有积极的影响。事实证明，一个人良好品性与艺术爱好的形成与家庭环境及家长的言传身教有着密切的关系，所以充分利用幼儿家庭教育资源，做好家园联系，对提高幼儿审美教育效果有着实际的意义。如教师可以采取家访、定期召开家长会等，及时了解家长对孩子进行审美教育的情况，也可以通过举行亲子活动，成立家长学校，举办专题讲座等向家长宣传和普及幼儿美育的知识和方法，共同研讨、交流家庭教育体会，促进家庭和幼儿园审美教育协调一致。而从家长方面来看，与幼儿园美育达到协调一致可以做的是：第一，创设优美的生活环境和良好的家庭人际关系，培养幼儿良好的品性。第二，利用电视、服饰打扮、旅游等，引导幼儿去发现美、感受美。第三，早期发现幼儿艺术才能并给予正确的引导与指导。

美的家庭环境及良好的家庭人际环境能陶冶幼儿的情操并有助于幼儿形成高尚的生活情趣和善良的品性。家长如能重视家庭环境的美育作用，经常领着孩子种花、种菜、玩水、养小动物、玩游戏，经常领着孩子打扫卫生、布置家庭环境，业余时间和幼儿一起下棋、集邮、画画、手工制作玩具、拼图、看图画书、讲故事等，在这样一种美好的家庭环境中生活，幼儿会逐渐培养起健康的审美情趣和审美理想。又如幼儿从小在家里听和谐悦耳的音乐，唱歌，接触一些民族与西洋乐器，随着音乐节奏自然地表演动作，不但可以发展他们的听力与乐感，而且有助于他们对音乐美的理解及对音乐表演兴趣的产生。对刚会画画、搞手工制作的幼儿，为他们提供纸张和彩色笔、橡皮泥等材料，能引起他们对美术创作的兴趣。家长还可以让他们多说说所画的内容，以发展幼儿的审美想象力。家长还要善于肯定幼儿通过画面所表达的想法与感情，而切忌要求幼儿按模式作画。

良好的家庭人际环境，能从小培养幼儿善良的品性。善良是人类最美好的品性之一，也是一切美好品性的基础，对幼儿实施美育很重要的一项任务就是培养孩子的善良品性。心地善良的首要一点是要懂得关心人、爱人。家长应该通过寓教于乐和自己做表率，努力创设一个充满爱意的家庭内外部环境，这对幼儿的善良品性的形成能起到潜移默化的作用。如尊敬长辈、孝敬老人、夫妻互爱、邻里和睦、积极参与公益事业等，这些都会在孩子的心灵白纸上留下优美的图画与文字。

在日常生活中，家长还可以利用观看影视作品、服饰打扮、旅游等方式，积极引导幼儿去发现并感受艺术、生活与周围环境中的美。如看完影视作品后给孩子说说影视作品中人物为什么是美与丑的；请孩子根据家庭条件自己挑选服装颜色与样式；在观赏自然与人文景观时引导他们去看、去听、去闻、去触摸、去品尝、去想象、去与动物对话等。

作为家长，在早期要以培养孩子多方面的艺术兴趣为目的给予其审美引导。一些幼儿的艺术潜能往往会较早反映出来，如乐感、色彩感、动手能力、造型能力、身体的协调性以及对某种艺术的感悟力与兴趣相对其他孩子显得强得多等，这些都是很值得注意的，它是以后学好各种艺术技能的先决条件，因为"兴趣是最好的老师"。所以家长在与孩子接触的时间里要善于发现自己孩子的艺术潜能，并给以正确的引导与指导，许多艺术技能如器乐训练起步早能起到"事半功倍"的效果。有的家长过分强调遗传的因素而忽视了孩子与自己完全不同的艺术潜能的存在，这样会错失教育良机。还有的家长往往无视孩子的兴趣爱好，较早地把一些自己喜欢的艺术技能培训强加于孩子，日子一久孩子会产生厌倦情绪，反而事与愿违。事实上，将来能真正成为艺术家的幼儿毕竟是少数，审美教育的目的是让孩子成为一个具有完美人格并热爱生活中的美的事物的人。虽然他们以后从事的是各种各样的工作，但他们可以成为具有艺术眼光和品位的人，成为艺术爱好者与艺术鉴赏者。所以即使发现孩子具备某种艺术的天赋也不必给予较早定位，而应以打好全面基础、提高艺术审美情趣与艺术表达力为宜。

3. 社会

幼儿从出生到学会走路再到上幼儿园，他所接触的人也从家长到小伙伴到周围环境，这就是所谓的幼儿从"自然人"走向"社会人"的过程。而所有的人都生活在一定的文化背景下并按照一定的历史法则行事。人与动物区别的最明显特征就是有文化。美国人类学者林顿说过，从个人跻身于一种或几种文化意义上看，每个人都是有文化的人。随着幼儿的逐步长大，他们对社会文化与不同的美的形态的认识会不断加深，在这个过程中成人的正确引导尤为重要。幼儿园教师与家长要充分利用社会文化资源，为幼儿美育的实施创造条件。从幼儿园教育活动来看，幼儿美育的实施还与"社会领域"关系很密切。除利用社区资源以外，还可以带幼儿到博物馆、艺术馆、展览馆、体育馆、文化广场、少年宫、大学校园以及各种比赛、演出、劳动场合，让幼儿了解人的自然美属性，了解艺术创造的美与劳动产品的美，了解自己的亲人以及与自己生活有关的各行各业人们的劳动，培养其对劳动者的热爱和对劳动成果的尊重的情感。同时应充分利用这些社会资源，引导幼儿实际感受祖国文化的丰富与优秀，感受家乡的变化和发展，激发幼儿爱父母长辈、爱老师和同伴、爱集体、爱家乡、爱祖国的情感。在实际施行时要注意幼儿的生理与心理特点，对地点要有选择，以避免幼儿身心受到负面影响甚至受到伤害。

总之，幼儿美育是一项特殊的系统工程，其具有以美感人、以美动人、以美育人的特点，在幼儿个性发展中发挥着重要作用。要克服单纯地认为教会幼儿唱几首歌、跳几支舞或把培养出几个艺术尖子就当作是进行美育的目的，克服仅仅重视表现技能或艺术活动的结果，而忽视幼儿在活动过程中的情感体验和态度的倾向。树立"以人为本"的教育理念，明确美育在幼儿教育中的位置，充分发挥美育的情感教育功能，促进幼儿健全人格的形成。作为幼教工作者，特别是农村幼儿教师应克服投入不足的困难，充分利用有利因素，发挥聪明才智，努力探索幼儿美育理论并付诸教育教学的实践，不断为幼儿美育的实施推出新成果、开创新局面。

第二章 幼儿音乐教育概论

第一节 幼儿音乐教育的特点与原则

一、幼儿音乐教育的特点

幼儿音乐教育活动是以幼儿为教育对象，通过音乐本身的情感性、形象性等特点来引发幼儿情感体验的一种活动。因此，幼儿音乐教育活动在其教育内容、手段、形式等方面需更贴近幼儿的本性，具有其自身的特殊性。

（一）审美性

幼儿音乐教育是以音乐为载体的一种教育活动，它通过审美感染的过程对幼儿施加教育影响。从这种意义上来说，幼儿音乐教育是一种审美教育，它具有审美性。

所谓审美教育，是以自然美、社会美、艺术美为媒介，通过各种审美实践活动，健全受教育者的审美心理结构，提高其审美能力，使其最终形成和谐、完善的美好人格的教育。审美教育尊重受教育者的个性和情感，鼓励他们积极、主动地创造，在受教育者得到精神满足和愉悦的同时，培养受教育者的审美感受、鉴赏、表现、创造能力以及高尚的审美情操。音乐作为艺术领域的一个分支，美是其最珍贵的内涵。音乐教育的审美性在于音乐实践者通过唱歌、跳舞、打击乐器、欣赏音乐等活动去感受美、表现美、创造美，最终达到愉悦精神、陶冶情操的目的。

在幼儿音乐教育活动中，教师可以通过各种方式对幼儿进行审美教育。比如，在一节小班的打击乐课堂中，教师通过播放教学视频，首先请幼儿感知生活中各种各样的声音——叽叽喳喳的鸟叫声、轰隆隆的打雷声、淅淅沥沥的下雨声……然后请幼儿说出自己都听到了哪些声音，这些声音有什么不同，以此发展幼儿对自然界各种声音的审美感受力；再请幼儿运用自己的语言表达对不同声音的感受，比如欢乐的、恐怖的、热闹的、安静的……以此发展幼儿对声音所传达的情绪、情感的理解力与想象力；最后教师请幼儿选择自己喜欢的乐器来模仿生活中的声音，以此发展幼儿的审美创造力。总之，幼儿音乐教育的审美性体现在教师把感受美、鉴赏美、表现美、创造美的活动贯穿于音乐教育的整个过程之中。

（二）整体性

1. 学习主体的整体性

幼儿学习音乐的过程是一个整体参与的过程，是一个全身心投入的过程。幼儿在学习音乐的过程中，既有智力的参与，又有情感、态度、意志力的参与，同时还有身体的参与。幼儿学习的过程，也是促进自身全面发展的过程。因此，教师在幼儿音乐教育活动中，应该充分调动幼儿的各种因素参与到学习活动中。既要注重音乐活动的结果，又要注重幼儿在活动过程中的情感和态度的倾向；既要注重音乐技能技巧的学习，又要注重幼儿表现力的发展；既要注重对全体幼儿的标准化要求，又要注重幼儿的个体差异性；既要注重幼儿的模仿和服从，又要注重幼儿主体创造性的发挥。总之，幼儿音乐学习的过程是调动幼儿主体的各种因素整体参与、促进幼儿整体性发展的过程。

2. 学习对象的整体性

幼儿音乐教育活动作为一种审美活动，其特性在于它的整体协调性。这种整体协调性包括音乐形式结构本身的整体协调性，以及音乐形式与内容之间的整体协调性。为了达到这种整体协调性，教师应该保证幼儿学习的音乐材料与辅助性材料的整体性，以及学习材料提供方式的整体性。

（1）幼儿学习的音乐材料与辅助性材料的整体性

在幼儿音乐教育活动中，教师给幼儿提供的音乐材料和辅助性材料应该是完整的。一个完整的音乐材料是音乐形式与内容的结合，是音乐要素与审美要素的结合。教师不能为了达到某种教学效果单独抽取其中的某一个方面呈现在幼儿面前。

在当前的幼儿音乐教育活动中，经常看到教师把节奏、节拍、速度、旋律等某个单一的音乐要素从整体审美形象中抽取出来，这种方式往往使教学失去了审美愉悦性。如果教师必须向幼儿呈现某种音乐要素，那么一定要结合这种音乐要素所表达出来的音乐意象和情感。

（2）学习材料提供方式的整体性

作为一个整体的音乐作品，一般会包含一个整体的音乐意象或者一个完整的音乐故事。为了保持音乐作品的整体审美性，无论是在引导幼儿学习一个新的音乐作品之前，还是引导其学习新的音乐作品之后，都应该创造尽可能多的机会让幼儿欣赏完整的音乐作品。因此，在幼儿音乐教学活动中，活动开始和结束时整体感知音乐作品这一环节是必不可少的，它为幼儿获取音乐作品的完整形象提供了保证。但是，也会看到一些"断章取义"的教学方法，容易使幼儿对音乐的感知"只见树木不见森林"，使得学习的过程也失去了审美的整体性。

3. 学习氛围的整体性

在学习过程中，学习氛围会影响到幼儿的学习兴趣、学习能力、学习过程等。为了达到良好的学习效果，教师应该创造出具有整体审美性的学习氛围。具有整体审美性的学习氛围包括教师、教具、学具、教学环境等因素。在幼儿音乐教学过程中，教师是一个具有极强影响力的教学因素，他们也为幼儿的学习提供了直接的模仿对象。因此，教师应该全身心地投入音乐作品的教学活动中，使自身的言行与音乐作品所塑造的音乐形象、传达的音乐情感相协调，并以自身的言行去感染幼儿。另外，教师应选用与音乐作品相协调的教具与学具，使其本身也可以传达出一定的美感，具有一定的教学作用。最后，教师还应适当地调整、布置教学环境，使幼儿置身于某种情绪色彩中，全身心地投入到学习中。

（三）游戏性

游戏是人类生存、生活的一种方式，也是幼儿的天性与权利。无忧无虑、生动活泼的游戏与幼儿的生活世界密切相连。幼儿在游戏中既能获得身心的愉悦，又能促进身心的发展。音乐虽归属于艺术领域，但音乐活动与游戏本身具有许多共同之处，幼儿的音乐教育本身就具有很强的游戏性。

（四）综合性

1. 形式上的综合性

美国心理学家、教育家霍尔在其演说中指出，人类个体的发展过程与人类群体的发展过程具有一致性。所以幼儿早期学习音乐的过程与人类早期的音乐活动具有极强的相似性。人类早期的音乐活动，在形式上往往是将唱歌、跳舞、奏乐、游戏等综合在一起的。这种状态是一种初始的、未分化的综合艺术形式，幼儿的音乐活动也有类似的特点。当幼儿想自由表达内心的快乐、幸福感时，大多数会手舞足蹈、又唱又跳，而且年龄越小的幼儿表现得越是明显。针对幼儿的这一特点，在幼儿集体音乐活动中，教师应该创设条件让幼儿进行唱歌、跳舞、奏乐"三位一体"的音乐活动。具体来说，教师可以让幼儿边唱边跳，边唱边奏，或边跳边奏；可以让幼儿分别承担唱歌、跳舞、奏乐等不同的任务；可以在一次集体活动中，安排幼儿交替进行唱歌、跳舞、演奏活动。

2. 过程上的综合性

在儿童的自发性音乐活动中，经常看到儿童同时扮演着不同的角色，他们根据自己的体验自由探索，创造性地表达音乐，是"天生"的创作家；他们运用自己的音乐技能技巧进行表演，是"天生"的演员；他们自由地欣赏音乐活动的过程和结果，是"天生"的鉴赏家；他们旁若无人地进行自己的音乐活动，沉浸其中，全面地享受音乐活动给他们带来的乐趣。因此，幼儿的音乐活动体现了创作、表演、欣赏"三位一体"的综合性特点。在幼儿园集体音乐活动中,教师应该充分发挥幼儿全方位的音乐才能,不能强行把幼儿的音乐活动过程进行分化,应该让创作、表演和欣赏的过程相互融合、相辅相成。

3. 目的上的综合性

幼儿的早期音乐活动在目的上兼具"娱己"和"娱人"的特性。所谓"娱己",是指幼儿在音乐活动过程中直接获得快乐的体验,这是幼儿音乐活动的首要目的。在幼儿的世界中,游戏、学习、工作是融合在一起的,学习、工作和游戏具有同样的目的,那就是给自己带来快乐的体验,没有任何的功利色彩。所谓"娱人",是指幼儿通过音乐活动可以给别人带来快乐。有时幼儿是应成人的要求或自愿地在他人面前进行音乐活动,这些音乐活动具有一定的"炫耀"色彩,大多是为了获取别人的认可与赞许。在幼儿音乐活动中,更加强调的是音乐活动"娱己"的目的,对于"炫耀""娱人"的目的,应该尽可能地淡化,从而使幼儿能够真正享受音乐活动本身的快乐。

（五）技能性

幼儿音乐教育的主要手段是让幼儿亲身参与音乐实践活动,与音乐材料发生积极有效的互动。在这个过程中,使幼儿掌握一定的音乐技能技巧是必要的,这是幼儿进行音乐审美实践活动的保证。

任何艺术都需要一定的技术作为支持,音乐也不例外。没有基本的音乐训练,不具备一定的音乐技能技巧,就不可能完成完美的音乐艺术。我国曾经对幼儿学习音乐知识技能的必要性存在一些质疑。受此影响,部分幼儿园教师不断淡化音乐技能技巧的教学,甚至有些教师听到幼儿唱歌走音却不纠正,看到幼儿打击乐器的节奏不和谐却不给予指导。笔者认为,对幼儿进行音乐技能技巧的教育教学是必要的。一方面,教师需要运用技能技巧为幼儿做示范,保证音乐活动的顺利开展,同时对幼儿进行技能技巧的启蒙教育;另一方面,感知音乐、探索音乐、创作音乐的过程都需要一定技能技巧的积累。

二、幼儿音乐教育的原则

（一）实践原则

幼儿音乐教育的实践原则认为,音乐表演实践是使人们获得所有音乐价值的最重要渠道。从历史发展的角度来看,音乐理论与实践的整合实际上是一个回归的过程。在人类早期,虽然尚未积累起足够的音乐理论知识,但那时的音乐理论与实践活动并没有分化,人们对音乐实践活动的参与,既是在学习,又是在创作,同时也是在游戏和娱乐。而随着音乐技能与音乐理论知识的积累,专门性的职业音乐理论学习被分化出来，这种分离也导致了音乐价值的损失，于是最终形成了音乐理论和实践从分离到整合的重新回归。而自 20 世纪 90 年代中期以后，参与音乐作品表演实践活动，并在欣赏和表演作品的过程中自然、整体地进行学习，逐步上升为普通音乐教育的主流。在幼儿音乐教育中，这一实践原则主要有两个体现：第一，音乐教学的性质能够更好地与幼儿发展的性质相匹配。教师要认识到幼儿的行动参与，特别是动作参与在感知音乐上的关键作用，尊重幼儿感性体验在前的学习特点，以整合的、可持续的教育观来思索音乐作品在教育活动中的价值体现，努力使幼儿的学习经验不分化。第二，音乐教育能够更有效地吸引幼儿，同时也能够更好地促进幼儿发展。实践原则的落实要求教师不断地加强自身的教学智慧，以利于幼儿发展为前提，努力将优秀的音乐作品以有效的教学方法进行转化，使幼儿对音乐学习产生积极而持续的兴趣。

（二）和谐原则

和谐是万事万物之间的一种积极的、相互作用的关系。幼儿音乐教育的和谐原则，指的是对幼儿经验整体性的落实，需要教师在设计和实施音乐教育课程时和在具体的音乐教学活动中尽量保持目标、过程、评价以及各个要素之间的和谐。在 20 世纪 80 年代，分科教学被认为是教育经验整体性破坏的症结，但如今随着对分科教学这一课程模式的重新认识，人们越来越发现，用学科的视角来研究"学科知识技能体系学习"和"学科内问题解决"以及"非学科或学科间的问题解决"，这中间并不存在尖锐的价值追求矛盾。因此，教师在进行学科教学时，应该追求的是对幼儿经验整体性和谐发展的建构，即对各个学科（领域或智能）之间天然的相互渗透关系的敏锐感知。这便要求教师不断地反思和学习，从而修炼洞察事物内部各因素以及各事物之间复杂关系的整体眼光。

要在幼儿音乐教学中实践和谐原则，可从三个方面努力。第一，对教学目标的和谐性把握。目标是任何系统运行自身所要达到的结果，对行为有动力作用和导向作用，是整个音乐教育形成和谐的第一基础。但在现实的教学实践中，一直存在着将目标内部各个要素人为地对立起来的情况。第二，对教学过程的和谐性把握。目标的实现是基于具体的行动的，教育实践中的每一步行动，都是达成或实现教育目标的一个重要阶梯。在教学过程中，应该保持的和谐关系包括：①各种教学内容之间的和谐；②教学方法、程序之间以及方法、程序与内容之间的和谐；③教学精神环境与物质环境，物质环境内部与外部各种因素之间的和谐。第三，对教学评价的和谐性把握。教学评价对教学目标和教学过程有着重要的影响，任何有目标的教育行动，都是着眼于能够在受教育者身上看到的预期改变。同时，教师对预期改变的估量，以及对改变的满意程度是形成评价的重要因素。在处理幼儿音乐教育评价时，需要教师处理好的关系有：①阶段目标与长远目标之间的和谐；②教师评价与幼儿自我评价之间的和谐。

（三）低耗高效原则

在物质条件日益改善的今天，教育浪费的现象越发严重，有的只关心结果而不计投入和效益，有的坚信物质上的大投入会与教育成果成正比。针对此问题，低耗高效的原则就是要增强幼儿音乐教育的"效益"意识，在进行课程、教材、教法特别是教学辅助手段等问题的决策时，应尽可能地全面评估投入和产出的关系，努力思考出更好的方案来降低消耗，提高产出。

达到低耗高效的目标并不是遥不可及的理想。历史的经验证明：追求音乐教育中各种因素的和谐关系是保证其实现低投入高效益的有效途径。反过来，如果教师时刻注意以低耗高效的原则来监控自己的教育决策与教育行动，那么音乐教育当中各种因素之间的关系也将在和谐状态中得以保持。

（四）可持续发展原则

近年来，可持续性发展一直是教育界讨论的焦点论题。幼儿音乐教育并不是以幼儿的音乐知识技能为最终追求的教育，幼儿音乐教育工作与幼儿教育工作一样，不仅要为幼儿的当下发展担负责任，更要为幼儿的终身发展担负责任。

然而，在当前的幼儿音乐教育实践中，对可持续发展的践行还有许多不够完善的地方，特别是教师在音乐教育目标理解上的问题，导致了认识上的模糊和行动上的盲目。比如，有人认为学到了具体的知识技能就是好的发展，或只要自由快乐就是好的状态等。实际上，有时也常会出现这样一些情况：学到了某些技能却同时丧失了对学习的兴趣和进行创造性学习的愿望；学到了某些知识却失去了发展学习能力的机会；等等。再比如，在自由快乐的氛围中，也并非每个幼儿都发展了能够对自己终生负责任的主体能动性，很可能有些幼儿无所事事、懒散的习惯也就在所谓的自由快乐的氛围中养成了。因此，在处理问题时，教师应注意尽量结合幼儿可持续发展的需要来考虑如何更合理地遵循和谐的原则和低耗高效的原则。

通过音乐实践享受生命存在的价值和通过音乐实践发展生命存在的价值，都是由音乐实践本身具有的教育性目的和教育性潜能所决定的。科学的幼儿音乐教育的实施需要以音乐培育教育幼儿，使他们能够快乐地生活和发展。快乐地生活和健康地发展这二者缺一不可，对那些不利于幼儿身心健康的音乐作品和音乐实践更是要坚决抵制。

第二节　幼儿音乐教育的功能与价值

一、幼儿音乐教育对儿童审美意识的培养

（一）歌唱

歌曲是由文学和曲谱相结合产生的，它拥有两个方面的鉴赏意义。歌曲能够让幼儿表现出更加丰富多彩的思想世界。歌曲不但能够指引幼儿从各方面去认真体会，感受他们熟知的事情，并且能够让幼儿去认识他们所不知道的世界，甚而开始神游想象，使其内心世界更加丰富多彩。各种各样的歌曲可以让幼儿见识到更多音乐文化，增长他们的见识。从各种形式的歌曲与节奏朗诵开始，能够让幼儿展现出生动活泼的精气神，指导他们认真考虑和实践自己熟知事物的道理和价值，如友好、共享与宽厚；英勇、勤奋与公平；等等。同时，唱歌也能够更好地提升幼儿的记忆能力。

（二）韵律活动

韵律活动能够提升幼儿的身体素质，增进其通过身体律动感知与表达音乐的才能，提升幼儿的身体和内心相互融合的才能。激发与提升幼儿的想象、联想，提升其对美的鉴赏才能。充足的想象能力与敏锐的感受能力在人生的任一时期都是举足轻重的。它既不是单一概念的累积与相加，也不是纯粹的仿照与盲从，它虽然无法用文字的方式来传达，但是它可以利用音乐的方式，特别是能够通过韵律的活动表现出来。

（三）音乐游戏

音乐游戏因为极具想象的能力，富有情趣，适合幼儿的身心发展的特性。幼儿能够在让人愉悦的游戏中提升对音乐的感知力、表达能力与创造力，同时也能增强交际能力、团队能力与自律能力。幼儿通过无忧无虑的游戏玩耍，可以得到较多的感情实践，这种真实感受的累积，对于促进幼儿音乐喜好的产生和培养其开展音乐节目的兴趣具有独一无二的意义。

（四）打击乐器演奏

幼儿学习音乐、感受音乐的一个重要因素就是学习打击乐器的表演。在幼儿可以进行的音乐表演活动中，打击乐器是所有乐器中最容易学会和可以享受音乐的。幼儿能够学习的打击乐器主要包括：大鼓、铃鼓、串铃、碰铃、三角铁、锣、木鱼、沙球等。在幼儿音乐教育活动中，打击乐器的表演活动和歌唱活动是同样重要的。参加集体打击乐器的表演活动能够增加幼儿表演乐器的热情，使其通过乐器的演奏得

到身心的愉悦与满足。通过让幼儿参加大型音乐节目的表演，能够扩大幼儿的音乐语言，提升幼儿对音乐的理解能力。进行整体的打击乐演奏活动，能够提高幼儿辨别韵律与音色的能力，提升优秀的团队价值与熟悉的调和能力。

（五）音乐鉴赏

音乐鉴赏，一般是指对音乐作品进行鉴赏与欣赏，并从中享受音乐作品带来的魅力。幼儿必须通过参与音乐活动来感受音乐，分析音乐，加强对美的判断。所以，在幼儿的音乐教育过程中，音乐鉴赏过程的中心内容就是怎样去听音乐。通过音乐鉴赏活动，能够让幼儿学习非常多的优秀的音乐作品，提升他们的音乐眼光，增强他们的音乐见识，丰富他们的音乐阅历。通过音乐鉴赏发展其对周围不同声音的倾听能力，充分累积对声音的阅历。

二、幼儿音乐教育是素质教育的有机组成部分

素质教育的实质为依照幼儿的进展情况与社会进展需求，提升幼儿的品格素质，敬重幼儿的自我理念，把激发幼儿的潜力与智慧当作最终目标，协助其完善自我的人本教育。心理素质教育、价值观素质教育、文化素质教育、精神品质素质教育等都属于素质教育的组成部分。通过加强心理素质教育，能够完善幼儿的品格，帮助其提升自发调整、自我完善的水平；增强幼儿的价值观素质教育，有助于提升其审美水平，同时增强幼儿对美的鉴赏能力；文化素质教育的实质为协助幼儿储存基础文化理论，同时提升幼儿的文化能力；精神品质素质教育的实质为确立准确的政治观念、伟大志愿理念，培养高尚的思想素质等。

素质教育的宗旨为提升人类整体的基础素质，把敬重人类的主体性与自发思维当作重点，全面开发人的思维潜力，重点造就人的完美品格。音乐教育是实施素质教育不可忽视的教育内容，是以音乐构成的音乐作品为主要内容对人进行情感、情操和审美的音乐审美教育。由此可见，音乐教育与素质教育二者之间的关系密不可分、相得益彰。

（一）音乐教育促进素质教育

1. 将音乐教育与素质教育结合是实现人的全面发展的重要环节

发扬素质教育和音乐教育的积极影响，要对两者的基础定义进行深入研究。素质教育的重点在于提升人的品格素质，造就人的特性，促使人得到更全面、更完善的发展，保证人的身心健康。

如此，就必须参照人类与历史进展的真实需求，把提升所有学生的基础素质作为具体宗旨。重视价值观教育，着重激发人的潜力才智。另外，此阶段需要联系音乐教育，通过音乐教育来教化人心，改善人的品格素质、思想品德，提升社会的沟

通水平等。在实施音乐教育的过程中，必须拥有明确的目标，不能只注重音乐的形式化教育，却没有发挥音乐教育的影响力。

2. 音乐教育是素质教育的重要组成部分

音乐所散发出的独特魅力在人们日常生活中都有展现。由于美妙的音乐可以调节人的情绪，给予人对美的感受与奋发图强的意志，因此音乐教育属于素质教育中不可分割的一部分。比如，在人们的情绪非常悲观消极的时候，如果聆听一些轻松、愉悦的音律，人们就能够在不知不觉中调节自己消极的情绪，进而稳定下来。另外，情绪的稳定能够协助人们提升与人交往的能力，用积极的态度对待学习和生活。与此同时，优秀的人际关系和蓬勃进取的学习态度又正是素质教育的核心部分与教育宗旨。另外，某些爱国歌曲也能够使得学生耳濡目染地领悟到一些爱国主义情操，与僵硬的课堂教育不同，通过使用爱国歌曲的形式对学生实施爱国主义思想的指导有着十分积极的作用。如此就彻底地展现出音乐教育是实施素质教育的重要组成部分。

3. 音乐教育与素质教育相互依赖、相互作用

相比于别的科目来讲，音乐教育在提升学生的品格素质、才智水平、情感阅历、身心健康等方面发挥着十分重要的影响。从以往一些古老的教育思想可以看出，大多发展水平相对较低的地区并不注重音乐教育的影响，只重视孩子的理论学习效果，而结果往往不尽如人意，由此可以看出，漠视素质教育和音乐教育之间彼此联系、彼此影响的关系，是弊大于利的。

简而言之，可以明确地认识到素质教育的重点在于品德教育，而如果在对学生实施教育的过程中，只关注其音乐成果，却不注重对其道德方面的教育，即使学生在短时期内获得优秀的成果，也会因为缺乏品德方面的教育，而难以取得较大的成绩。相同的，倘若只重视素质教育中的智商教育，就会对学生的推理能力、价值重点、创造水平等情感类文化素质的进步造成消极影响。由此可见，如果忽略两者的彼此影响与彼此依附的联系，就会对学生在德、智、体、美等方面的进步产生消极影响。

（二）音乐教育促进幼儿的全面发展

1. 将音乐教育渗透到素质教育的各个方面

把音乐教育与素质教育进行融会贯通，充分发挥音乐教育和素质教育的作用，帮助幼儿获得整体性的发展。人的内心品性通过其思想层面的素质得到展现，对于幼儿塑造优秀的思想品德有积极影响。所以，需要使得幼儿水到渠成地得到音乐教育。把音乐教育当成幼儿净化心灵的主要基石。另外，需要把音乐教育完美地融入智力教育中。把多样化的音乐教育与活动以及优良的音乐艺术融入智力教育之中，对于开发幼儿的思维能力与想象能力有着积极的影响，能够帮助幼儿打通封闭的思

路，从而使思维得到发散，使思想变得灵敏，精神越发集中，进而提升学习的效率。所以，全面了解音乐教育的作用，把音乐教育与德、智、体、美等素质教育进行融会贯通是十分关键的。

2. 重点突出音乐教育的审美教育功能

把音乐培养融入品质教育的多个部分，要求从幼儿园和家庭两个层面入手。从幼儿园层面来说，园方务必要为幼儿获取音乐培养知识提供优良的基本设施，比如完备的音乐理论课本和相应的乐器，并且需配置优良的教师队伍，教师也应选择恰当高效的教育手段。教师应从固有的培养理念和教师方式中走出来，在传授音乐理论和相关能力的前提下，格外注重音乐素质在理论教育中的核心影响力。从家庭层面来说，父母务必注重对幼儿的音乐素质培养，切不可仅仅注重知识学习而把幼儿束缚在知识层面，而要给予幼儿多层次的音乐培养，促使他们自然而然地获得音乐素质培养方面的能力，帮助他们获得源自音乐培养的素质教育和感情代入能力，造就幼儿健全的人格和高尚的道德品质。

3. 将音乐教育与素质教育有效紧密地结合起来

音乐培养是凭借悠扬的曲调和节拍阐释个人的观念情感和实际生活的风采。因此，要激起幼儿对音乐的向往，首先要把音乐培养和品质培养紧紧联系在一起。在两者紧密联系的前提下激励幼儿音乐培养的踊跃性和兴致，不断开阔幼儿的音乐眼界，开拓音乐之路。只是依靠唱歌教育是远远不够的，很难令幼儿受到更多的音乐教育，应该让唱歌、乐器、作曲、作词、乐谱等基本理论相统一，才能促使幼儿整个贴近于音乐培养之中。需要以悠扬的个性，以总体性提升幼儿修养为前提，施行音乐熏陶，运用各类差异化的教育手段，慢慢提升教育品质，令幼儿也能够提升自我修养，获得美的感受、美的培养。所以，现在越来越要求生动积极、机灵随和，而且具备革新性和愉悦性的乐学乐教的培养方式，务必越来越重视把音乐修养培育代入民众的修养教育中，且凭借它来成就人性、品质、修养的提升。重视音乐培养和品质培养的联合，是推动幼儿综合品质提高、综合拓展的核心，也是实现教育当代化，培育专业化、能力化人才的核心。

（三）音乐教育在幼儿素质教育中的特殊作用

音乐教育在幼儿成长阶段的影响是多样化的，其能够通过习惯、品性、思想、理念、兴趣等方面得到展现。音乐教育对于幼儿品格素质的培养十分重要，对于幼儿品格素质教育而言，"音乐教育、美、品格素质"属于至关重要的一部分，该部分的宗旨是给整个教育体系做贡献。古代大多名人雅士觉得，注重音乐教育能够促使全社会的风气向好的方向发展，能够改善民心，发挥教育性的影响。因此，音乐教育对品格素质的影响是十分关键的。

音乐教育能使人们的心境放松，产生各种情绪，增强人们感情的多彩性，缓和人们的感情，然后促使人们保持健全的人格。音乐教育也可以影响幼儿的个性，他们的品质是后天养成的，社会及周围朋友的关系也能够对其品质的培养产生一定影响。

总而言之，音乐教育成为幼儿素质教育的必要主题及方式，其对发展型个性的发掘，对幼儿性格的优化以及素质的养成，有着不可磨灭的影响。当今时代对人的个性及才华要求较高，人们都希望朝着积极向上、满怀热情的方向去发展，而音乐教育可以促进幼儿形成积极健康的人生观、价值观等。因此，幼儿教育需要树立这样的培养方向，展现出幼儿真正的特性，让祖国的花朵成长为祖国的栋梁之材！

三、幼儿音乐教育的美育本质观

（一）幼儿音乐教育的美育观

最初，音乐形象指引着人类的空间想象和动力性逻辑运算步骤，其大多是通过听觉来感受的，而音乐形象理解以及思维想法组成理解途径。和审美培养性质相同的文学培养、美术培养以及欣赏教育等行为，大部分利用人的眼睛来引导人们进行空间想象以及符号具体化空间理论运算步骤。

音乐不具备具体形态，无法以语言表示也不会因时间而发生改变，给了听者更为宽阔、自由、形象的联想空间，同时将听者推向音乐展示的行为前沿，借此令音乐形象要表示的情感和想法可以联系作曲家、演奏家以及群众的部分建议，同时将它们整理融合起来发展为丰富并能强化听众内心世界的助力、组建力以及发展动力。

音乐虽然并非直白地表达感情，但是会利用音乐的演奏来模仿或者表现人的情感取向以及了解内容。因为音乐培养能够促进人的情景感悟、空间想象以及价值取向，可以用于发展感知能力、提高理性、令人发现美的事物、提高道德素质和理智，在超过主客观的广泛的想象中组成关于世界和人生的审美观念、道德观念以及理性观念等价值坐标。

音乐培养的审美培养价值，也展示在其对于人类的文化体验以及精神创造方面的推动力。爱因斯坦认为，科学领域和宇宙中和谐而自然的规律，能够通过音乐的音符表示。

1. 音乐教育以审美为核心

就本质而言，音乐培养是审美培养的一部分，音乐感受多是一类审美感受，它的价值是为人提供内心的感悟和情感的愉悦。笔者认为，音乐教育将美育当作主要的价值取向，把树立形象感受或推理认知当作再次开发能力，把塑造注意力和道德素质以及健全人格模式当作影响未来的某类综合性品德进行培养。它多样化的引导结果，具备情感建立、知性建立以及理性建立这三个种类。同时，此三类行为结果都表现出自觉灵活的感情认知、审美，以及友善友爱，道德、理智、感情融合的处事方法，借此令音乐教育变成一类广泛的、独特的、具有感情的精神启蒙以及整体培养行为。

音乐培养被当作教育措施的独特之处，是利用音乐审美对构架健全人格的培养。从这个意义上看，音乐教育是审美教育的手段，审美教育又是素质教育的手段。审美教育有广义与狭义之分。广义的审美教育又可从目标和手段两个不同角度出发来开展研究以及解释。倘若就目的而言，广义的审美培养一般被解释为：某类建立和谐、友善、合作人格的培养。而狭义的审美培养一般被解释为：某类引导人发现美、了解美、创造美的水平以及素质培养。换言之，狭义的审美培养只表示把培养人的审美观念当作结果的培养。倘若就途径而言，广义的审美教育一般被描述为：一种以自然美、社会美和艺术美为手段，对幼儿施加教育影响的过程。从这个意义上看，音乐仅是艺术美教育途径里的某类方法。对于此方面的理解中，音乐对幼儿造成的影响能够看成两部分：其一，利用音乐实践，帮助幼儿进行关于美的发现以及理解；其二，利用音乐实践，帮助幼儿对音乐自身的美开展了解以及欣赏。狭义的审美培养通常被解释为：某类利用某个艺术类别的学习，促进幼儿了解熟悉这类艺术的审美方式，帮助幼儿形成这类艺术习惯的培养。

从音乐属于幼儿教育的手段这一基本观念出发，笔者倾向于采用广义的审美教育解释，也就是幼儿音乐培养属于一类利用音乐活动里审美的步骤（认识美、体验理解美、创造美的过程）来对幼儿施加影响的基本素质教育。这种突出音乐教育的过程首先是一种审美的过程，同时也强调了音乐是教育的手段，全面和谐发展是教育结果的基础。

音乐性培养目的最重要的是审美且教化人。按照美学学者的分析，认为音乐的价值有很多，不过音乐最为基础的价值是可以达到人们感性审美的要求，也就是精神需求，此属于音乐的基础价值，同样指的是审美价值。这样说并非觉得音乐的另外价值就无所谓，甚至能够放弃，而是因为另外的价值需要在审美的条件下才有意义，同样指的是音乐必须展示它的道德价值、智力价值、实用意义，需要利用感受音乐、品位音乐、演奏音乐进行。按照上文的解释，音乐培养的价值有若干个，如可以陶冶情操、提高思想认知、提高智力等，不过音乐培育的基础价值指的是审美价值，这样，音乐培养的基础结果，也就是具备音乐性的结果即为审美育人。音乐培养即便可以提高智商、帮助品德培养，不过其采取的措施与智力培养以及道德培养方式有所不同，其无法把智力培养或者道德培养直接传递到幼儿，这就需要在音乐审美的基础上完成。音乐培养利用审美完成培养人的目的，此同样属于音乐培养区别于另外学科的形式的一种，倘若音乐培养无法把审美教育人当作它的核心目标，音乐培养的价值能力无法展示它最核心的部分，它的培养措施以及培养形式就会发生变化，音乐培养转变为非音乐的培养。

音乐性的培养结果的另一个方面是想要传承音乐。教育属于一类培养人的行为，是将文化知识教授给下一代的行为，自然、社会以及人类对应的知识以及规律等均属于基础培养的内容，此类知识以及规律的教育同样有艺术部分的内容。教育有着非常强烈的文化传承能力，虽然重视教育必须开展改革优化，文化必须进步，但是优化改革也必须于传承的前提下开展。音乐培养被当作培养的核心结构的一种，其同样属于"培养文化人"的行为。艺术属于人类文化的凝聚体，属于人类文化的核心担负物，它同样属于人类文化组成的重要结构之一。音乐被当作艺术的核心类别，同样属于人类文化里必然存在的组成，并且属于一类形象极为鲜明、能力极为显眼的、纯粹的人类思想文化。音乐属于人类制造的一类文化、一类认知，同时属于一类精神习俗，那么它才具备不同于另外文化认知的相似独特性，能够利用教育在人类社会里继承。民俗文化能够借此被继承下来就是合理的证明。基础教育担负着传承另外文化的角色，这里面也包括音乐文化，人类拥有的全部音乐技能大部分能够于教育内进行。学校扮演着教授知识的角色，不管是关于民俗音乐的认知还是关于全球音乐的认知，不管是对于古代音乐的认知还是关于现代音乐的认知，均能够于学校中被传授。由经验可知，各个音乐作品均与创作的背景、认知、习俗等有非常紧密的关系，所以音乐的被继承本质属于人类全部知识的被继承本质，从音乐中可以认识到大量的人类进步历程，还有思维、习俗等的变化。因此，音乐培养与继承音乐文化时，必须重视培养教师具备和时代一致的认知以及思想，引导学生具备符合时代的文化思想，以更为敏感、更为迅速地开展音乐实践行为。

在幼儿的培养中，感情属于推动幼儿的社会行为里的初级动力步骤，幼儿仅在学会准确展示感情的前提下才能够具备优秀的情感感知能力，才能正确地对待周围的事物，令他们在情感的背景里成长、进步，激发出更优秀的社会性情感。音乐属于良好的展示情感的艺术，所有的音乐均由艺术家的感情发酵而来，利用音乐独特的途径展示作者的内心感情，令听者从音乐中得到艺术的陶冶。由此提高幼儿音乐的认知水平就非常有必要，也是幼儿审美培养里必须具备的。

幼儿的音乐培养包含唱歌、韵律行为、音乐游戏、乐器表演以及音乐鉴赏。这些均属于审美培养的部分，同样属于审美培养的核心措施。利用此类音乐行为，可以培养幼儿对于音乐的喜爱与好奇，加强幼儿对于音乐的鉴赏水平。而且于音乐的渗透中加强了幼儿的审美水平，促进幼儿发现美、创造美的行为，丰富幼儿的审美历程，推动幼儿对于美好事物的喜爱以及对于美好事物的期待，构造正常的审美价值。

2.音乐教育是对幼儿进行美育的重要手段

音乐属于美的一部分，音乐培养属于审美培养的手段之一。审美培养引导人形成关于自然、社会以及文艺作品的良好审美品位，是帮助人们提高发现美、欣赏美、创造美的能力的一种教育行为。音乐培养将审美作为基础，最大的用途是丰富幼儿的内心世界。音乐活动的本质价值是利用听音乐、表演演奏音乐以及音乐活动等方式，引导幼儿认知以及理解音乐中蕴含的美和情感，为音乐所表达的真善美理想境界所吸引，帮助幼儿树立健全、完整的审美观念以及阳光向上的生活理念，为其终身热爱音乐、热爱艺术、热爱生活打下良好的基础。

对幼儿进行音乐教育旨在培养他们的审美能力，这是一项通过音乐熏陶提升幼儿发现美、理解美和创造美的活动。因为当幼儿每唱一首歌曲、每弹一首乐曲、每跳一段舞蹈时，都能得到美的感受和美的教育。

（二）幼儿音乐教育对审美教育的重要意义

幼儿教育不能脱离审美教育和音乐教育。而在所有类型的音乐教育中，审美教育是最突出和直接的。艺术形式的教育本质决定着音乐教育的目标，其终极目标则是人在实践中实现自由而全面的发展。

在音乐教学中，教师要通过艺术教育培养幼儿德、智、体、美的全面发展，而美育则可通过让幼儿体会到音乐中的美，从而产生对美感的认识，实现美育。在开展音乐美育的活动中，幼儿的想象力、理解力和感知力能够得到培养和发展，幼儿的精神世界更自由、视野更开阔、思维更灵活，同时自信心得以建立。音乐教育对于幼儿审美情趣的培养也有很重要的意义，培养幼儿的高尚情操最简单的方式就是从音乐教育开始，这也是在幼儿性格形成之前最佳的教育方式。有很多著名的诗歌作品或是简单的小曲可以在家庭、幼儿园、社会教育中作为幼儿美育的范本。因此，留心生活中的小事，积极引导幼儿发现美并培养他们的兴趣爱好，才能让他们从中感受到世界的美好。

有研究结果说明，幼儿成长中音乐教育存在的重要性是毋庸置疑的。重要之处在于它能辅助幼儿精神世界的茁壮成长，丰富他们的情感，是培养幼儿审美感官的重要途径。同时，良好的音乐教育可以帮助幼儿培育良好的品格并在人文环境中为幼儿创造和谐的氛围，帮助他们学会融入集体，在幼儿园组织的集体活动如合唱比赛、乐队活动中学会协调与配合。值得强调的是音乐教育是学校教育的必修课，那些过度重视传统教育的学校更应注重调整。

音乐教育是幼儿成长路上不可缺少的一个重要部分。我国著名科学家钱学森提出，科学技术工作者也要有一定的文学艺术修养。爱因斯坦也曾说他的很多科学成就灵感来源于艺术。人们应该注重音乐教育的发展以及它在当今教育教学中的比重。音乐教育对提高智商和促进学习其实是十分有益的，正因为音乐教育不够被重视，所以人们忽略了音乐教育不可替代的价值作用，这个作用从长远来看，关系着国家和民族的未来和发展。

第三节　幼儿音乐教育的基本方法

幼儿音乐教育的方法是指教师和幼儿为了完成音乐教育目标，在活动过程中采用的一系列活动方式的总称。幼儿音乐教育的教学方法种类繁多，具有很大的灵活性和创造性。它受具体教学内容、具体教育对象的制约和影响。同样一种教学方法，面对不同的教学内容，具备不同经验与基础的幼儿，其使用过程也会有所区别。教学方法运用得是否得当，将直接影响教育活动的效果和教育任务的完成。教师应该重视和熟练地掌握幼儿音乐教育的基本方法，并且在教育中根据自己的教学经验，灵活地创造出各种新的、具有良好教学效果的教学方法。

一、语言指导法

语言指导法是通过口头语言向幼儿传递信息和指导幼儿学习音乐的教学方法。语言是教师和幼儿之间进行信息沟通、情感交流的一种重要媒介，也是幼儿音乐教育活动中常用的教学方法。在幼儿音乐教育活动中，常用的语言指导法有讲解、提问和反馈。

（一）讲解

讲解是教师运用口头语言讲述、解释、分析与音乐相关的概念和规律的方法。在幼儿园音乐教学活动中，教师运用讲解法主要是向幼儿提供各种与音乐学习有关的材料以及加工这些材料的程序和方法等。比如，在歌唱活动中，教师向幼儿讲述歌词的含义；在音乐欣赏活动中，教师向幼儿讲解乐曲的创作背景或者乐器的使用情况；在打击乐教学活动中，教师向幼儿讲解某种乐器的使用方法；等等。

讲解法是教学历史上使用最早、应用最广的传统教学方法。由于语言的特殊功能，任何一门学科的教学都不可避免地需要运用讲解法，其他教学方法的运用有时也需要与讲解法相结合。从教师的角度来讲，讲解法可以在较短的时间内向幼儿传递较多的、较系统的知识，教师可以掌握讲解的主动权；从幼儿的角度来讲，教师运用讲解法时自己的学习活动较少，参与程度不高，如果使用不当，容易变成连续灌输的传统式教学。

为了充分发挥讲解法的优点，尽量避免其缺点，教师在运用讲解法的时候，应该注意以下几个问题：

第一，教师的讲解应该准确、规范、简明扼要。教师的讲解，既基于幼儿的反应，又富有积极的启迪性；既能准确地解释说明，又不赘述。准确、规范、简明扼要地讲解考验着教师对幼儿反应的敏感、对教学进程的把握和对幼儿发展目标的拿捏。特别要说明的是，许多教师认为讲解应该越具体越好，而事实上，幼儿的动作思维和形象思维更需要在教师直指重点的扼要说明中进行操作练习。

第二，教师的讲解应该条理清晰，不要使用过多的转折连词。在讲解过程中，教师要想做到条理清晰，除了用心设计活动之外，更要对活动设计的思路、层次、细节有百分之百的把握，以努力克服执教现场的非智力的、难预料的突发状况。一般来说，新手教师或在上公开课时，经常会由于紧张而频繁地使用一些转折连词，如"然后""那么""接下来"等。当然，这些"口头禅"式的语言习惯大多是出于无意识的，但却大大破坏了语言的流畅性和逻辑线条，也会影响听者对言者条理的把握。而唯一的解决路径便是循序渐进、持之以恒地练习。

第三，教师的讲解应该具有一定的艺术性。具有艺术性的语言一般是幽默的、富于游戏情境的、立足于幼儿发展需要的、富有审美想象的。对艺术性语言的修为应该成为所有教师执着的追求，它是教师智慧的体现，对幼儿想象力、语言发展、情感发展、智力发展等都有莫大的作用。

第四，面对不同年龄的幼儿，教师的讲解方式应该有所不同。小班幼儿的行为受情绪支配作用大，仍十分依恋教师，尤其需要从教师身上得到关怀，对周围世界充满浓厚的兴趣，模仿欲望强，无意性占绝对优势，认识基本在行动中进行。因此，教师的讲解方式应为：尽量以形象、生动、活泼的表达方式为主；放慢节拍，多提供给幼儿模仿的机会；在讲解中增加表达爱的成分。中班幼儿的具体形象思维有所发展，需要具体的活动情景和生动形象的指导；自主性与主动性进一步发展，需要宽松、安全的学习环境。因此，教师的讲解方式应为：尝试以留白式提问的方式让幼儿回答；在教学情境中适当肯定幼儿的创造性表达，及时肯定幼儿良好的学习习惯；注意宽容幼儿的暂时过失。大班幼儿的自我评价能力逐步发展，抽象逻辑思维开始萌芽，爱学、好问，学习能力较小班、中班幼儿有了较大的提高，规则意识逐渐形成。因此，教师的讲解方式应为：对话更加平等，不急于干涉、评判或替代解决幼儿学习中遇到的问题；注意语言要相对简洁、直接，不啰嗦、不拖沓；适当运用幽默的语言调节活动的气氛；可以适当地运用一些成人语言或者书面语言。

第五，教师的讲解可以与示范、操作、讨论相结合。这是幼儿的动作思维与形象思维所需，是幼儿认知的重要条件。在示范上，教师可以自己做高级榜样，也可以请其他教师配合来做高级榜样，也可以请个别发展得好的幼儿做高级榜样。如果有需要，可更进一步引导全体幼儿解决较具普遍性的错误。这些示范方法既可作为教师讲解的策略，也可以形成一组示范的序列。讲解与操作的结合，要求教师边进行语言讲解，边配合以相应的动作，多渠道地帮助幼儿理解与掌握，同时也有助于赋予动作以意义。讲解与讨论相结合则是对幼儿主体性的尊重；在讨论中获悉幼儿的经验和需要，在教学准备的"高结构"下对幼儿的发展需要做"低控制"。

（二）提问

提问是教师和幼儿采用口头语言问答的形式进行教学的一种方法。在教学过程中，教师的提问应该具有明确的指向性。一般来说，教师运用提问法是为了实现以下几个目的：第一，唤起幼儿的已有经验。一般在教学活动的导入阶段较多使用提问法。教师通过提问的方式，让幼儿回忆过去曾经学过的某些知识、技能，或者过去曾经体验过的某种情感、经历等，为后面的教学做铺垫或者为迁移幼儿的已有经验做准备。第二，激发幼儿的学习兴趣。教师通过一系列的问题，引发幼儿对某种事物的探究欲望与冲动，从而激发幼儿的学习兴趣。第三，集中幼儿的注意力，提醒幼儿需要观察的重点、秩序。教师通过提问的方式，请幼儿特别关注某种事物、现象或者规律，为幼儿的进一步思考做准备。第四，启发幼儿进行深入理解或者思考。教师通过提问，引导幼儿进一步思考，开展高层次的思维活动，达到对某一问题的深入理解。第五，提醒幼儿关注活动规则或社会规则。在集体活动中，教师通过提问，既让幼儿关注活动的规则，又使幼儿能自觉遵守活动的规则。

教师在运用提问法的时候，应该注意以下几点：第一，问题前置，提高幼儿思考的目的性。教师应先提出问题，再请幼儿观察或者倾听，以明确幼儿活动的目的性及关注的重点。第二，教师的提问要具有一定的启发性。启发性是问题的灵魂，教师要善于运用发散性、开拓性的问题，以促进幼儿思维的发展。第三，教师的提问要指向活动目标的完成。教师要选择优质的"问点"，这个"问点"是幼儿掌握知识技能的切入点，也是完成教学目标的关键点。另外，提问也可以集中在幼儿容易出现问题的地方，以引起幼儿对问题本身的关注，进而解决问题。第四，问题的表述尽可能简练，一次最好只提出一个问题。第五，灵活运用不同类型的问题。教师在提问过程中，应该灵活运用各种不同类型的问题。判断性问题，即"是不是""对不对"之类的问题，一般不需要幼儿进行深层次的思维活动，比较容易回答。选择性问题，即"是A还是B"这样的问题，能把幼儿思维的焦点集中在A和B两种结果，缩小了幼儿选择的空间，相对来讲比较容易回答。填充性问题，即"是什么"的问题，比如"这个乐器的名字是什么？"这类需要幼儿自己进行表述的问题，如果教师不给予任何提示，这类问题就有一定的难度。教师在教学过程中，应该根据幼儿的学习情况灵活选择不同类型的问题。尤其是当幼儿在回答问题有困难的时候，教师更应该对原来的问题作出调整，降低问题的难度。

（三）反馈

反馈是指教师运用语言对幼儿的行为作出回应，以促进幼儿及时了解并调整自己的活动行为。在幼儿园音乐活动中，教师运用反馈法的主要目的有以下三个方面：第一，调整幼儿的行为。教师对幼儿的行为给予回应，可以让幼儿明白自己的行为是否正确，是否需要进一步进行调整，怎样做出调整。第二，让全体幼儿受到某种特定反应的影响。教师通过反馈让全体幼儿的注意力集中到某一"榜样"的身上，继而受到这种榜样的积极影响。第三，帮助幼儿建立自我监控、自我调整的心理机制。

教师在运用反馈法时应该注意以下五个方面：第一，主要反馈幼儿行为中积极的方面。第二，面向全体幼儿进行反馈。第三，反馈时要尽量客观、平等地对待每一个幼儿。第四，对不同年龄的幼儿宜采用不同的反馈方法。对于小班幼儿，教师一般可以直接模仿幼儿的动作和语言。对中班和大班幼儿，教师可以请幼儿再次重复刚刚出现的语言或动作，如果幼儿不能做到，教师再予以引导。第五，注意样板性反馈和激励性反馈相结合。样板性反馈是指在幼儿独立思考和表现之后，教师将表现突出或者有独特性的幼儿的行为结果再现给全体幼儿，以起到榜样示范作用。激励性反馈是指在幼儿活动过程中，教师随意或有意地接近某个幼儿，通过语言或体态对幼儿的行为表示认可和赞赏，以示鼓励。激励性反馈还可以指教师有意识地用一些激励性的语言来引发幼儿接受挑战的好奇心与好胜心。

二、运用范例指导法

运用范例指导法是指教师借助现场演唱、演奏、动作表演或一定的图片和实物等直观性手段，使幼儿获得清晰的音乐表象的一种教学方法。范例具有形象性、具体性、直观性和真实性，在以音乐教育为主的教学活动中，范例的运用具有更加重要的意义。

（一）示范

示范法是指教师用现场演唱、演奏、动作表演的方法向幼儿提供活动的范例。教师通过示范可以为幼儿提供更高级的榜样和目标；提供操作的材料和规则；提供探索、创造的线索；提供活动要求的直观解释；等等。

教师在利用示范法的时候应该注意以下几个问题：第一，教师的示范应准确熟练、自然而富有感染力。第二，示范之前，教师应明确示范的目的，并让幼儿明确观察的方法、重点以及观察后如何作出反应。第三，示范时教师应保证全体幼儿都能清楚地观察到。第四，示范应该是多样化的，尤其应该发挥同伴的示范作用。第五，示范时可以辅助一定的语言讲解和提示。第六，教师在示范时，应该适当地放慢速度，对示范的重点进行适当的夸大，对非重点内容适当淡化。

（二）演示

演示法是指教师借助实物、图片、幻灯片、录像等直观性教具，向幼儿提供活动范例，帮助幼儿更好地理解音乐的内容和情感的一种方法。

教师在运用演示法时应该注意以下几个方面：第一，演示时目的要明确，防止出现为了演示而演示的情况。第二，教具的演示应服务于教学内容，不能过于花哨，防止出现喧宾夺主的情况。第三，教具的形象和教师的演示应与音乐的性质、风格相一致。第四，教具应力求富有一定的艺术性和趣味性，以唤起幼儿的审美情趣。

三、运用角色变化

所谓运用角色变化，是指教师在音乐教育活动中通过改变自身的角色，对幼儿的学习活动进行指导。具体的指导方法有"参与"和"退出"两种。

（一）参与

参与的方法是教师以活动的组织者、合作者、艺术作品中某一角色的扮演者的身份对幼儿的活动进行指导的一种教育机制。在音乐教育活动中，教师参与的目的主要是为幼儿树立一个学习态度和行为方面的正确榜样。教师通过参与，可以增强对幼儿学习活动的调控和指导，使幼儿体验并享受师幼共同活动的乐趣。

教师在运用参与法的时候应该注意以下几个方面：第一，教师以教师身份参与活动时，应表现出活动组织领导者的魄力。教师在活动过程中应该表现出充分的自信，并且用这种自信去指导学生，让幼儿能够感受到教师的观点、意见、要求和做法的权威性。第二，教师以音乐表演中的角色身份参与活动时，应充分表现出特定角色的艺术个性和艺术感染力。通过教师的表现，幼儿对艺术作品中这一特殊的角色身份可以产生更加直观、形象、深入的了解，同时感受到教师表演的艺术魅力，更加喜爱这一艺术形象。第三，教师以幼儿的合作者身份参与活动时，注意应以与幼儿平等的身份参与活动。教师应表现出参与活动的极大热情，让幼儿感受到教师与他们的身份是相同的、关系是平等的，教师的意见和建议是供他们参考的，教师是他们可以信赖的朋友、伙伴。第四，教师在变换自己的角色时，要预先考虑到幼儿可能产生的反应，并根据幼儿实际产生的反应来调整自己的角色行为。教师的参与是为了更好地指导幼儿的活动，因此，教师在变化自身角色的同时，一定要关注幼儿的变化，并根据幼儿的变化不断调整自身的行为。

（二）退出

退出的方法是指教师在音乐活动中弱化教师自身的身份、地位、角色，从而对幼儿的行为进行间接指导或支持的一种教育机制。

在幼儿音乐活动中，教师运用的退出法主要有两个层次：一是教师从活动空间上的退出，也就是身体的退出。教师把活动的中心位置留给幼儿，以旁观者的身份参与活动。二是教师从权威性参与程度上的退出，也就是心理上的退出，不再占据活动的权威地位，而是以一个普通参与者的身份参与活动。

教师采用退出的方法主要目的有两个：一是尽可能地创造机会让幼儿自由实践

和表达自己，从而增加教师了解幼儿活动潜能的机会；二是帮助幼儿发展自我教育及相互学习的意识和能力，扩大课堂信息的流通量和交换方式。

教师在运用退出法的时候应该注意以下四个方面：第一，教师要根据幼儿的活动情况逐步退出。教师退出时速度不宜太快，幅度不宜太大，应该有计划地逐步减少对幼儿的支持和帮助，最终完全退出。第二，教师宜采用灵活退出的方式。在活动中，教师应根据幼儿的活动状况，尝试性地进退。如果发现幼儿能够独立完成时，教师退出的幅度可以加大；如果幼儿在活动中遇到困难，教师应该适时地、灵活地给幼儿以帮助。第三，教师在退出的同时，应该加强间接指导。退出主要是指教师不直接参与到活动中，但当幼儿需要的时候教师可以对幼儿的活动进行间接指导。间接指导可以采用的方式有使用提问法进行指导，通过远距离的表情或体态动作进行暗示等。第四，力争做到放手而不放任。教师应密切关注幼儿在能力和意识上的独立倾向的发展，做到逐步放手，促进幼儿独立能力的进一步发展。

四、运用体态与空间变化

在幼儿音乐教育活动中，教师还可以利用自身的面部表情、动作等体态以及在集体活动中所处的空间位置的变化对幼儿进行一定的指导。

作为一名有经验的音乐教师，在指导幼儿学习的过程中，应该是全身心投入的。教师会调动自身一切因素对幼儿进行指导。教师的体态和空间移动虽然是一些极小、极琐碎，甚至不容易被外人察觉的行为，但是这些行为中却包含着十分重要的教育机制。

教师运用体态和空间变化的主要目的有三个：一是激发或抑制幼儿的情绪；二是支持或阻止幼儿的行为；三是调节幼儿的学习气氛。

（一）体态

在幼儿音乐教育活动中，教师的体态是非常丰富的。教师的体态一般包括面部表情、嗓音音调、身体动作等。

教师的面部表情有很多：微笑、皱眉、侧耳倾听、凝视等；这些表情中都包含着相应的意味，如惊讶的、赞许的、高兴的、悲伤的等，幼儿通过自身的解读也能够对教师所传达的特殊含义心领神会。在教师的面部表情中，眼神是一个很重要的因素。一位好的教师，她的眼神充满了各种各样的话语。教师的面部表情应该会"说话"，而且应该说出自己的心里话。教师在用自己的面部表情"说话"时，一定要考虑到自己说话的对象是幼儿，所以要看着幼儿的眼睛"说话"，进行心与心的交流。

嗓音音调作为一种特殊的语言形式，也有一定的指导意义。同样一个字，教师使用不同的音调，就可以表示不同的含义。同时，教师的音量、语速、语气对幼儿的行为也有一定的影响。如果教师的音量过大、语速过快、语气过硬，幼儿的情绪就容易出现激动、亢奋的状态，教师便不容易控制幼儿的行为；如果教师的音量适中、语速有快有慢、语气有强有弱，幼儿的情绪就比较容易出现既紧张又亢奋的状态，教师也就比较容易控制幼儿的行为。

教师通过身体动作对幼儿的学习进行指导，也是一种较为常见的行为。比如，幼儿演唱时，音量过大，教师可以把右手食指轻轻放在嘴唇上，示意幼儿"小声一点儿"；幼儿在表演律动的时候，动作没有跟上音乐的节奏，教师可以把右手食指轻轻放在耳朵旁边，示意幼儿"注意听音乐"；幼儿在表演过程中非常投入，教师可以轻轻地竖起大拇指，示意幼儿"你做得很好"等。教师的这些动作都是对幼儿的行为进行一定的指导或者反馈。除此之外，教师还可以通过自身动作的幅度、速度、力度来控制幼儿的情绪。教师动作的幅度越大、速度越快、力度越强，幼儿的情绪就会越发高涨与亢奋；反之，幼儿的情绪会比较稳定。教师应该把握这些规律来指导幼儿的行为，调节幼儿的情绪。

（二）空间变化

在幼儿音乐教育活动中，教师的空间位置与空间移动对幼儿的学习行为也具有一定的指导意义。

在集体音乐活动中，教师静态的空间位置主要有三种：一是站在全体幼儿的前面。这种空间位置是教师高控制的一种表现。教师可以关注到全体幼儿，把握全体幼儿的行为，对全体幼儿的行为进行指导。二是站在幼儿中间。这种空间位置使教师与幼儿的距离较近。教师可以同幼儿一起参与活动，或者是对个别幼儿的行为或情绪进行指导。对于年龄较小的幼儿来说，他们对于教师的依赖性比较强，教师可以通过接近幼儿的方式和幼儿进行沟通，对幼儿的情绪进行安抚。三是站在全体幼儿的侧面或后面。这种空间位置是教师低控制的一种表现。教师以一个共同学习者或旁观者的身份出现在活动中，不对幼儿的行为进行评价与指导。

在教学过程中，教师不可能从头到尾只站在一个固定的位置，而是存在一定的空间移动。教师在空间移动的时候要注意：第一，教师的空间移动不要太频繁。如果教师总是在幼儿面前走来走去，那么就容易给幼儿造成一种不稳定的感觉，对幼儿的情绪会产生一定的影响。第二，教师的空间移动要有明确的目的。一般来说，"靠近"的移动表示对幼儿的关注；"远离"的移动表示对幼儿的信任。第三，根据幼儿的需要选择空间移动的时间及位置。当幼儿的活动存在一定的困难，需要教师帮助时，教师可以靠近幼儿进行个别指导。

古人云：无法之法，乃为至法。也就是说，没有固定的方法才是最好的方法。每一种方法都有其优势和劣势。教师是音乐教育活动中的重要因素，教师的指导作用将直接或间接影响活动的进程、效果，最终影响幼儿的发展。因此，教师应根据幼儿的发展水平、幼儿的已有经验，以及活动的目标与内容，合理地选择恰当而实用的方法。

第四节 幼儿音乐教育活动的基本结构

幼儿音乐教育活动的基本结构是指一个教育教学活动的基本组成部分以及各个部分的顺序和关系。幼儿园的音乐教育活动一般有两种组织结构，即三段式和一杆子式。

一、三段式

三段式教学组织结构是我国幼儿音乐教育中较为传统的一种组织结构，也是一种常规的教学活动组织结构。在这种音乐教育活动中，一般由界限分明的三个部分组成，即开始部分、基本部分和结束部分。各个部分可以包含几个不同的歌曲或律动。

（一）开始部分

开始部分也称为活动的准备部分。其最常见的程序有：律动进教室、练声、复习歌曲、座位上复习律动等。在这一部分，教师与幼儿一起回忆熟悉的、能够振奋精神、集中注意力的内容，从而可以产生"唤醒"和"恢复"的效果。通过这一环节，幼儿可以从自由、放松的游戏状态，进入积极、专注的学习状态；可以巩固原有的知识或技能，达到"温故而知新"的效果；在不断深入理解的同时，幼儿能够把已有的经验更好地迁移到新的学习情境中去，从而产生良好的学习效果。

（二）基本部分

基本部分也是活动的主要环节。这一部分围绕新的教学内容展开。幼儿在教师的引导下全身心地投入到学习过程中，不断挑战自身的原有经验，获取新的知识或技能。在这一环节，为了让幼儿取得较好的学习效果，教师应该调动幼儿多渠道地参与学习过程。如果幼儿需要，可以针对重点部分多加练习，同时应该注意活动的动静交替。

（三）结束部分

结束部分也是教学活动的最后一个部分。其内容一般是教师带领幼儿复习之前学过的韵律活动、歌曲表演、音乐游戏等。目的是让幼儿从紧张、忙碌的学习状态进入一种轻松、自由的活动状态，从而达到较好的心理调节。

三段式音乐教育活动组织结构作为一种传统的组织结构有其自身的优点。它的设计把幼儿相对比较陌生、困难但又需要积极参与的活动安排在幼儿情绪稳定、注意力集中的基本部分，并且以复习熟悉的内容作为学习陌生内容的铺垫，从而使幼儿在学习过程中更加容易接受新的学习内容。这种由熟悉到陌生再到熟悉的教学安排，既符合幼儿的身心特点，也符合现代学习理论。所以，不能因为这种组织结构传统、陈旧就简单地抛弃它。

二、一杆子式

一杆子式教学组织结构是在一个独立的教学时间段内，围绕一个活动内容和材料而设计的多层次、多系列的活动过程。这种组织结构多见于交流课和研究课的设计。在一杆子式教学组织结构中，传统三段式的开始部分和结束部分都已不再出现。教师一般会把整个教学活动分为多个教学环节。这些教学环节一定是由简单到复杂、由易到难，逐步累加、层层递进的。幼儿的学习从最容易的活动入手，在幼儿完全掌握前一项活动后，教师向幼儿提出新的要求和新的挑战，逐步提高活动的难度。每个新的挑战，都需要幼儿将已有经验与新的经验相联系。

第三章　幼儿美育与幼儿音乐教育

第一节　培养幼儿音乐审美能力的意义

一、促进幼儿高级认知能力的发展

高级认知能力主要包括想象和思维能力，这两种能力对幼儿智商、情商的发展起着重要的作用。而良好有序的音乐审美活动能大大地促进幼儿想象力的发展，活跃幼儿的思维，进而促进幼儿整体素质的提升。

现今已有许多研究表明，在艺术审美教育活动中培养起来的想象力，对与科学理论相关的学习乃至进行科学研究、发明活动以及其他社会实践活动都会产生一定的积极影响。如爱因斯坦，六岁开始学习小提琴，音乐所赋予他的想象力和表现力不能不说对他后来在物理学领域所取得的成就产生了重大作用。他本人曾说过，想象力比知识更重要。可以说，想象力是促进知识不断进化的源泉。教师在组织幼儿园音乐活动中经常会发现，一旦幼儿看到或听到他们所熟悉的喜爱的音乐作品时，往往会情不自禁地沉醉于充满乐趣的想象活动之中，对音乐产生共鸣。

在幼儿音乐审美能力的培养中也能发展幼儿的思维能力。根据思维发展水平的不同，心理学把思维分为直觉行动思维、具体形象思维和抽象概念思维三种，而这三种思维能力的发展都可以在音乐审美活动中得到体现。第一，直觉行动思维是与个体行为动作紧密联系的，幼儿无论是语言还是技能方面的学习首先依靠的是模仿，当看到成人歌唱或做有规律的运动时，他会主动跟着学习，并努力将它记住，直至完全学会。第二，幼儿还能在模仿的基础上逐渐积累起初步的概括能力、判断能力等形象思维能力。当幼儿听到一首歌曲的时候，他能根据音乐的曲调和速度辨别音乐表现的情绪和风格，是欢快的还是舒缓的，快乐的还是忧伤的，能分析乐曲所表现的内容和含义。这些就是形象思维所包含的判断、分类、概括等一般认知活动的能力在音乐审美教育活动中得到的发展和提高。

音乐是三度创作，分别由作曲家、表演者、鉴赏者来完成。音乐美的本质是反映作曲家不同凡响的超常规思维能力，它可以把人类各种复杂的思想感情细腻地谱写成异乎寻常的极美的乐章。音乐本身是一种抽象化、个性化、超越一般存在的艺术，对音乐的感受和体验没有固定、统一的标准答案，因而它恰恰能给幼儿提供更广阔的想象空间和思维空间。因此，在音乐审美教育过程中，幼儿的心理、生理条件以及音乐本身的独特性都为想象、思维的发展提供了很好的契机。教师应更多地为幼儿提供参与、探索、表现和实践的环境，使他们有更多的机会体验、探索自己的艺术想象，促使幼儿发展起一种对生活、对周围一切事物的敏锐的感受能力和洞察力。

二、促进幼儿创新能力的发展

培养创新能力不仅是幼儿素质教育的重要组成部分，更是国家对现代人才培养的要求。音乐审美教育是激发和发展幼儿创新能力的有效途径。这是因为在音乐审美教育的过程中，教师并不是单纯地要求幼儿简单机械地模仿作品内容，而是引导幼儿根据自身已具备的知识经验和对作品的理解进行再创造、再加工，用幼儿独特的方式丰富音乐作品的内涵。

音乐活动包括感受、想象、理解、创造等思维阶段，它对培养幼儿的创造意识及能力具有独特的作用。幼儿最初是通过眼睛看、耳朵听来认识这个五彩斑斓的世界的，音乐作品作为视听享受，对幼儿有着很大的诱惑，幼儿在音乐审美教育中将自己对作品的理解和感受，通过唱、跳、演奏等形式表现出来。

在音乐审美活动中，教师可以通过指导幼儿说、唱、跳、表演、演奏等，充分激发幼儿创造美的想法和素质。如在歌唱活动中引导幼儿填写歌词、创编歌词，或者根据歌词内容创编故事情节；在律动活动中跟着音乐即兴创编舞蹈动作。这些行为都可以让幼儿展开遐想的翅膀，大胆地想象，大胆地说，大胆地演，大胆地创新。毕加索曾经说过，每个儿童都是艺术家，这充分说明每个幼儿都有其独特的发展优势和个性特点，只要教师在音乐审美活动中给予幼儿充分的尊重和信任，为每个幼儿提供平等全面的发展机会，为每个幼儿提供表现自己长处和获得成功的条件，使每个幼儿都能展开想象，进行创造，就有可能最大限度地将幼儿潜在的创造能力挖掘出来。

三、促进幼儿道德情感的发展

音乐审美教育是幼儿教育的重要组成部分，是对幼儿实施素质教育的重要途径。音乐审美的教育作用是在人的情感产生和养成的过程中，以审美的方式来培养和完善人的人格和道德品质，它对人的影响是深入、自然和持久的。

研究表明，接受过音乐、美术等艺术教育的幼儿，其智力和创造力发展明显高于一般幼儿。当幼儿具备一定的审美能力时，他就会主动观察和发现生活中美的事物，能辨别出善恶美丑，建立健康正确的审美观。因此音乐审美能力的发展能帮助幼儿在喜爱音乐、热爱音乐的基础上学会用音乐表达内心情感，从而达到陶冶情操，启迪智慧，增强生活情趣的作用。

学前期是个人情感由低级向高级逐步发展的重要阶段。在这一时期，幼儿的社会交往范围不断扩大，情感日趋丰富，心理体验日渐复杂，对事物的判断能力更加敏锐。在这个阶段，教育者将富有情感性的音乐审美活动纳入幼儿的学习和生活中，对幼儿的身心和谐健康发展及情感发展具有明显的促进作用，幼儿在广泛地接触各种音乐作品和参加各种音乐活动的过程中，情感世界将会变得丰富起来。

《幼儿园工作规程》中指出，幼儿园品德教育应以情感教育和培养良好行为习惯为主，注重潜移默化的影响，贯穿于幼儿生活及各项活动中。在幼儿园五大领域活动中，音乐活动是回归幼儿生活，产生"润物细无声"效果的最佳方式。例如，教师在教唱《小娃娃跌倒了》这首歌曲时，主要目的应该是教育幼儿在小娃娃跌倒了之后应该怎样去帮助他，从而培养幼儿关心他人、乐于助人的情感。这种情感的培养不仅仅表现在歌曲演唱上，而且表现在幼儿的实际行动中。教师要告诉幼儿当看到小娃娃摔倒后，应该急忙跑过去，把小娃娃扶起来，为他抚摸伤口，然后送他回家。幼儿只有通过亲身体验帮助他人的过程，才能深切感受到音乐与情感的共鸣，才能学会如何主动关心爱护他人，学会如何感恩帮助过自己的人。音乐审美教育的情感功能就在于教幼儿知识的同时，让幼儿感受到音乐的美，并从这种无形的美中获得美好的体验，进而形成良好的道德情操。

四、促进幼儿良好个性的发展

学前期的教育应着重于培养幼儿良好的学习、生活习惯以及对周围事物的积极态度和广泛兴趣，尤其是个性倾向性的培养。个性倾向性是人进行各种活动的原始动力，也是个性结构中最活跃的因素。它主要表现在对事物的认识及对活动对象的趋向和选择上，主要包括需要、动机、兴趣、理想、信念和世界观等。幼儿期是形成个性的关键时期，教育者应该提供适当的机会让幼儿发展自己的个性，而音乐审美活动则对幼儿良好个性的养成和发展起到了积极的影响作用。

研究表明，音乐审美活动能让幼儿体会到自我表达、探索、创造和实践带给他们的快乐，在活动中，幼儿能在相对放松的空间里充分表现自我，从而获得全面和谐的发展。因此，教师在组织音乐活动时，不要设置固定的学习和表演模式，应多鼓励幼儿根据自己对音乐内容的理解，用自己的方式来表现音乐，形式也许多样，但只要幼儿能用健康恰当的方式表达，教师都应该给予支持和肯定。教育不是要培养千篇一律的人，而是在不违背教育理念的前提下培养出有特点有个性的人才。

五、促进幼儿合作能力的发展

随着人类文明的不断进步及社会的不断发展，合作意识对社会的发展至关重要。

合作是一种能力，更是一种艺术，唯有善于与人合作，才能获得更大的力量，争取更大的成功。如果一个幼儿没有学会如何与他人合作，那么在其今后的发展道路上，孤独和自卑会时刻伴随着他。但当今许多备受家长疼爱的独生子女所表现出来的合作现状却不容乐观。幼儿园音乐审美活动的功能之一就是促进幼儿之间的交流，使幼儿得到更多的心与心的沟通，进而建立感情上的和谐关系。教师在活动中也应有意识地培养孩子正确的交往技能。

音乐审美活动是一种有序的活动，它要求幼儿在参与时必须遵守一定的活动规则。在活动过程中，教师不仅要指导幼儿学会处理自己与音乐的关系，还要指导幼儿学会调节自己与其他幼儿的关系。如在集体歌唱活动中，幼儿要学会控制和调节自己唱歌的音量，使其与其他幼儿的歌声相协调；在韵律活动中，要学会有效地控制自己的身体，准确地做出和大家一样的韵律动作；在乐器演奏中，要学会有意识地控制和调节自己弹奏出的声音，使之与集体演奏相融合等。

通过亲身参与活动，幼儿会逐步认识到，只有懂得相互理解、相互接纳、相互欣赏、相互帮助，才能享受到成功的快乐，并获得同伴的尊重。因此，在幼儿音乐审美教育中，进行的不是单纯的音乐教学，而是一种通过音乐审美过程来促进幼儿交往、合作能力发展的教育。有研究表明，凡受过良好音乐审美教育的幼儿，在其今后的学习和生活中都表现得更有目的性、坚持性和有自制力。

第二节　幼儿音乐审美能力培养的要点

一、确立幼儿的主体地位

一直以来，很多幼儿教师在设计和实施音乐审美活动时，主要关注的是教学内容和教学结果，强调如何快速高效地将基本知识和技能传授给幼儿，因此教师在活动中明显处于强势地位和主动地位。教师们将大量的时间放在知识及技能传授上，减少甚至删减每日的户外玩耍时间，要求幼儿每天必须完成一定数量的歌曲背唱或舞蹈动作，以完成情况对幼儿进行奖励和惩罚，其目的就是通过幼儿技能上的突出表现向家长证明其教学成果，以此吸引更多的生源。在这样的活动中，幼儿只是被动的接受者，尽管幼儿音乐技能方面的学习效果看似明显，但这样的音乐教育不能让幼儿感到快乐和幸福，严重阻碍了幼儿音乐能力的发展。

事实上，在音乐活动中确立幼儿的主体地位是培养幼儿音乐审美能力的一个重要原则，而音乐活动也是幼儿最乐于参与的活动，教师应当和幼儿一样，把它当作一种美的享受，蹲下身来，拉近与幼儿之间的距离，用心与他们沟通，而不应该时刻摆出一副高高在上的模样，让幼儿望而却步。教师只有真正俯下身来与幼儿交流，学会耐心倾听他们的感受、想法、意见，主动、积极地融入幼儿的活动，成为幼儿的玩伴、朋友，才能了解幼儿对音乐的真实感受，激发幼儿对音乐活动的主动参与性。

教师要尽量将幼儿从被动的知识接受者变为一个主动参与者。在活动中，教师不应讲授或者示范太多，而应采用多种方式激发孩子的兴趣，引导孩子主动探求音乐内涵。例如，在歌唱活动中，教师可根据歌词内容编出一个动听的童话故事，通过故事内容引导孩子了解歌曲内容，并激发孩子对歌曲的极大兴趣，从而保证孩子们全身心地投入到歌曲的学习中。比如在进行打击乐活动《声音到处有》时，教师可以引导幼儿发现生活中的各种声音，寻找可发出声音的物品，鼓励幼儿探索各种日常用品敲击的方法不同时发出的声音是否相同，支持幼儿用可以发声的物品为音乐伴奏，使每个幼儿都感到自己被信任、被支持、被鼓励，使得他们也相信自己并敢于表达。在音乐审美活动中，只有做到面向全体幼儿，尊重幼儿，将每个幼儿都当作学习的真正主体，才能切实有效地达到活动目标。

二、提高教师的音乐教育教学能力

幼儿园教师承担着教育幼儿的重要责任，是影响幼儿全面发展、健康成长的关键因素之一。现代幼儿教育对幼儿教师的角色定位是：幼儿学习活动的支持者、合作者和引导者。教师应以关怀、接纳和尊重的态度与幼儿交往，在交往中耐心倾听，努力理解幼儿的想法和感受，支持、鼓励他们大胆探索和表达。教师要关注幼儿在各领域活动中的表现和反应，敏感地察觉他们的需要，及时以恰当的方式作出应答，形成有效的合作探究式的师幼互动，尊重幼儿在音乐发展水平、音乐能力、音乐经验和音乐学习方式等方面的个体差异，真正实现因人施教，努力使每个幼儿都能在音乐领域中体验满足和成功的快乐。因此，教师各方面能力的发展状况将成为影响幼儿音乐审美教育质量的关键。

（一）提高教师鉴赏音乐、表现音乐的能力

教师要想完成幼儿音乐审美教育任务，实现审美目标，必须合理有效地设计和组织好每一次音乐审美活动，因此教师需掌握一般的音乐理论知识、乐器知识、音乐舞蹈表演知识、音乐作品的背景知识、简单的创作知识等。这些知识是教师鉴赏、分析和表现作品的基础，是更好地鉴别幼儿的发展和指导幼儿学习的保障。

教师只有具备敏锐的鉴赏、分析音乐作品和表现音乐作品的能力，才能恰如其分地驾驭音乐审美活动，指导幼儿完成活动内容以达到相应的目标。其包括能敏锐地分析不同音乐作品所包含的不同教育价值，能判别何种音乐适合何种年龄层的幼儿。而表现音乐的能力则是建立在一定的鉴赏、分析音乐的能力和一定的表现技巧的基础之上的。幼儿教师的音乐表演应该是自然、熟练、富于感染力以及符合幼儿

的天真性的。音乐是拉近人与人心灵距离的艺术，教师选择的作品的意义、表现作品的技巧对幼儿的音乐感受力、表现力的发展具有不可取代的特殊意义。教师对所选作品理解得越深刻，音乐表现力越强，幼儿受到的音乐熏陶就越完善，教师通过音乐表现出的价值越朴实、越丰富，幼儿获得的音乐价值观念也就越完美。

教师只有不断努力扩大自己的知识面，深化自己对各种文化艺术知识的理解，不断提高自身的文化艺术素质，才能真正高效地达到音乐审美活动的目标。

（二）提高教师的沟通能力

幼儿教师的沟通能力包括平等沟通的意识和有效沟通的技能两个方面。同样一个活动内容，有些教师把握得得心应手，与幼儿之间的互动积极有效，而有些教师却将课堂组织得死气沉沉，无法和幼儿进行深层次的沟通。由此说明教师与幼儿交流沟通能力的高低，对达到活动目的起着至关重要的作用。在幼儿园音乐审美活动中，教师经常需要使用的是有声语言沟通和非语言沟通。

在与幼儿相处时，教师主要采用有声语言沟通，包括使用特定文化背景下特定年龄幼儿能够理解的语言；使用生动丰富又易于幼儿接受的语言；使用班级幼儿已经逐步习惯的简约型语言；使用音调、音量、节奏、音色的变化来突出特定情绪的语言等。

在某些环节，教师使用非语言沟通就行了，其包括使用姿势、手势、面部表情、目光接触与回避以及身体接触等来传达幼儿能够理解的教育信息。如活动过程中幼儿由于太兴奋而让课堂异常嘈杂时，教师可将食指放置在嘴唇边，示意幼儿保持安静。

（三）提高教师组织活动的能力

在幼儿园的音乐审美教育活动中，教师应是联系活动主客体的桥梁和中介。其中介作用表现在教师既是幼儿园音乐审美教育活动的设计者，也是活动的指导者。因此教师要善于利用幼儿园日常生活中的各个活动和环节来渗透音乐审美教育的相关信息，为幼儿创设有效环境。教师作为影响音乐活动的方向和进程的一个关键因素，其影响的性质和方式决定着幼儿在活动中的地位和活动的质量。如果教师以示范和强化的形式体现其对活动的影响，则幼儿在活动中势必会按照教师的"指挥"反复地进行动作或技能的机械模仿和练习，以满足记忆和获得有关知识、技能的活动结果。反之，教师若能够在活动中注意激发幼儿主动地与音乐发生交互作用，并在幼儿对音乐的主动探究和创造的过程中给予适时、适度而合理的间接指导，及时鼓励、回馈和评价，则幼儿的活动主体意识能真正地被唤醒，幼儿的音乐和非音乐能力以及良好的个性心理质量能逐步地形成和发展。

第四章　基于美育的幼儿音乐教育理论基础

我国专门的国外音乐教育研究始于 1991 年全国教育科学"八五"规划重点课题——"学校美育理论与实践研究"。这一项目包含子课题"外国学校音乐教育研究"，其研究成果完整，影响面广泛，促进了我国音乐教育的改革和发展，尤其是对幼儿音乐教育，无论从材料到方法，还是从理论到实践都带来了很大启发，给予了许多补益。本着从我国幼儿音乐教育实际出发，通过借鉴外国音乐教育思想与经验以更好地促进我国幼儿音乐教育的初衷，本章将介绍在世界范围内影响比较广泛的音乐教育思想，内容包括柯达伊、达尔克罗兹、奥尔夫和铃木镇一音乐教育思想。

第一节　柯达伊音乐教育思想

一、柯达伊生平

柯达伊是匈牙利著名的作曲家、民族音乐理论家和音乐教育家。他出生于一个有良好艺术氛围的家庭，从小受到音乐的感染，自幼便学习钢琴、小提琴、中提琴、大提琴等多种乐器，并达到较高水平。中学时代开始音乐创作活动，并有机会接触到淳朴的乡村音乐。高中毕业后，柯达伊进入布达佩斯音乐学院学习作曲和指挥，1904 年获作曲专业毕业文凭，1906 年以《匈牙利民间歌曲歌词结构》的研究论文拿到哲学博士学位。无论是家庭的艺术熏陶，还是周围的艺术氛围，都对他后来教育观念的形成产生了重要影响，为他以后的艺术教育道路打下了坚实的基础。

从 1925 年以后，柯达伊侧重关注青少年的音乐教育，为了教学的需要，他创作了从幼儿园歌曲到音乐学院使用的教材共计近千首作品。1928 年，巴托克在《匈牙利民间歌曲》一文中曾说，柯达伊的作品最完美地体现了匈牙利的精神，保留了民族精神的精华，根本的原因是他对民族的热爱，对本民族未来的坚信以及对人民创造力的信心。

柯达伊为匈牙利民族音乐教育事业做出了巨大的贡献，其教育思想及教学法也得到了广泛的传播和发展，对世界各地的音乐教育产生了极大的影响。

二、柯达伊音乐教育的观点和内容

（一）柯达伊音乐教育的观点

柯达伊音乐教育的观点与他在音乐创作中所表现的艺术观、在音乐理论研究中所表现的民族观是紧密相连的。柯达伊倡导的音乐教育目标非常简单，即继承和发扬本民族优秀的音乐文化，让本民族的优秀音乐成为音乐活动的主要内容。他还认为音乐与人有着重要的关系，没有音乐的人生是不完整、不美妙的，音乐可以发展人的情感、智力，丰富人们的生活，充实人们的精神世界。所以，要让音乐成为人的文化发展不可缺少的一部分。

柯达伊认为，音乐与人的发展有着密切的关系，人的生活中不能没有音乐，没有音乐就没有完美的人生。音乐可以发展人的情感、智力、个性品质，丰富人们的内心世界，创建和谐的人际关系，在某种意义上音乐起到的作用是语言无法替代的。音乐是幼儿生来具有的权利，并不是音乐天才才有的特权。作为家长、教师，应帮助幼儿结合自己的生活经验，利用生活中常听到的声音进行音乐教育。柯达伊认为，只有最好的，才适合幼儿。什么是最好的呢？柯达伊多次强调的所谓"最好的作品"是指那些真正能使人受到鼓舞、赐予他们力量的音乐，其中最高品质的音乐素材便是用母语演唱的民谣。这些民谣往往都是无伴奏的，使得幼儿在演唱的过程中没有任何束缚，完全是一种自由享受，所以柯达伊提倡在音乐教学中应以民谣为主要教学内容，用适合幼儿的方法教唱歌，希望音乐能真正注入幼儿的一生，时刻带给幼儿美妙的享受。

（二）柯达伊音乐教育的内容

1. 以歌唱作为主要的教学内容

柯达伊认为只有积极参加音乐实践活动，才能获得关于音乐的积极体验，其中，歌唱就是每个人都可以参加的音乐实践活动形式之一。歌唱同说话一样自然，歌喉是老天赐予人类特有的乐器，只要通过后天不懈的努力训练，才能使嗓音变得完美。历史上重要的音乐家、教育家都十分重视歌唱，因为歌唱本身有着丰富的学习内容，通过歌唱可以使学生学习掌握音准、节奏、速度、音乐表达等音乐要素，所以要十分重视歌唱活动，而且这种活动开始得越早越好，只有从早期开始，才能成功地发展音乐听觉，尽早获得音乐体验。

因此柯达伊强调，在音乐活动中应以歌唱的方式进行教学，将音乐知识以及音乐技能融入一般的教学活动中。例如，在柯达伊教学法中，幼儿较早接触的便是听老师歌唱，老师可能会用 do do sol sol la la sol 来给幼儿歌唱，也可能会用 la 这个音即兴歌唱，让幼儿用相同的音来回答，抑或是用哼唱的方式哼唱童谣等，可能此时幼儿并不懂究竟什么是旋律、什么是节奏，但在聆听、哼唱的过程中储备了相关的音乐能力，已将 do re mi fa sol la、四分音符、八分音符输入脑海，等日后再来学习的时候，便会容易许多。

柯达伊不仅重视歌唱，更加重视歌唱中的合唱形式，因为合唱可以真正使每个人都参与到音乐活动中来，每个参与者都很重要，但又不会因为一个人的错误影响整体的效果，因此可以使幼儿在集体歌唱中忘我地投入，创造一种和谐之美。

2. 以匈牙利的优秀民族音乐为主要教材

柯达伊认为，幼儿都是先学习用母语讲话，自然也应该先学习用音乐的母语歌唱。简练、通俗、淳朴又不失情趣的民间歌曲是带领幼儿进入音乐的最好材料。因此，柯达伊的事业始终扎根于民族音乐的沃土中。在对收集来的 3 000 多首匈牙利民间曲调进行整理的过程中，他发现虽然国家经历了漫长的历史变迁，但在音乐方面仍是一个统一的民主共同体，保存着文化的精髓。所以他一直强调，没有一部作品可以超越传统的力量。民间歌曲是学生所熟悉并易接受的作品，教育者可以利用民间歌曲培养学生学习音乐的兴趣。这不仅仅是为了给他们提供演唱的机会，也是为了保持传统的民间音乐的延续。为了避免使民族文化失传，要将民族音乐纳入音乐教育体系中。

随着音乐教育经验的不断积累，柯达伊提出除了传统的民间音乐以外，适合教学的音乐还应是具有匈牙利风格特色的音乐。在选择本民族音乐作为教育内容的基础上，还应将其他国家的民族民间音乐纳入进来。

3. 以"幼儿自然发展法"为音乐课程的主要依据

所谓幼儿自然发展法，是指根据不同年龄阶段幼儿的能力合理选择教学内容、安排课程的顺序，即不是从知识层面安排课程内容，而是从幼儿的实际接受水平来考虑教学内容。例如，节奏教学进度的安排应为先学习四分音符和八分音符，而不是先学习全音符再到二分音符、四分音符、八分音符……因为四分音符与八分音符最接近人的步行与跑步的速度，是日常生活中常见的节奏，易于幼儿接受。

（三）柯达伊音乐教育的方法

柯达伊音乐教育以首调唱名法、节奏唱名法和柯尔文手势为主要的教学手段。

1. 首调唱名法

首调唱名法由英国女教师 S. A. 格罗弗首创，柯尔文使之完善。它是以"移动着的 do"为基础，do 的位置和高度可以是移动和变化着的，但各个调式音级却有着确定不变的唱名。它的特点是以相对音高为基础，各大唱名的单调依照调号的变化而定。在视唱时，无论什么调，各级音阶的唱名都不变，第一级音都唱作 do，第二级都唱作 re，第三级都唱作 mi，以此类推。如 C 大调以 C 音唱 do，F 大调以 F 音唱 do，G 大调以 G 音唱 do。此种方法可以使幼儿较快地读谱视唱，而不需要依赖琴声。

在基本掌握了首调唱名法后，柯达伊教育理论体系又引进了固定唱名法体系，即"固定找 do 唱名法"，这是一种永远把五线谱上的 C、D、E、F、G、A、B 七个基本音级和它们的变化音级相应地唱作 do、re、mi、fa、sol、la、si 的唱名法。无论乐谱上是什么调号，也无论七个基本音级怎样地升、降变化，其唱名永远固定不变。因为固定唱名法适合学习乐器和无调号作品，因此教学中将此作为首调唱名法的补充。

2. 节奏唱名法

由法国人约瑟夫·契夫在 19 世纪发明，节奏读谱采用象声词的形式，使不同时值的节奏都有一个相应固定的念法和记法。如表 4-1 所示。

表 4-1　节奏唱名

时值	节奏标记	节奏唱名
全音符 𝅝	𝅝	ta-a-a-a
二分音符 𝅗𝅥	𝅗𝅥	ta-a
四分音符 ♩	|	ta
八分音符 ♫		ti-ti
十六分音符		ti-ri-ti-ri
切分音符 ♪ ♪ ♪		ti-ta-ti
附点音符 ♩. ♪		ta-m-ti

柯达伊认为，节奏是人的本能，是音乐要素中的核心元素。通过节奏训练可以发展幼儿的听觉、音乐感受能力。若将节奏从旋律中分离出来结合身体动作进行练习，可以大大地提高幼儿的节奏感。在音乐教学中采用节奏标记和节奏唱名法，对节奏中的不同时值赋予幼儿相应的音节发音，通过长期的练习，会逐渐使得节奏符

号、发音与相应时值之间形成记忆，逐渐形成节奏的内心感觉，帮助幼儿建立节奏感觉，这对学习音乐具有极大的帮助。

3. 柯尔文音高手势

柯尔文音高手势（如图4-1所示）由英国人柯尔文在1870年首创，是为一个音阶中七个音设计的不同手部姿势，并通过在空间中所处的高低位置来表现音高的不同，从而帮助人们加深各音之间高低关系的理解。手势的使用有一个相对身体的高度，如do的手位大致和腰腹平等，之后的音通过高低不同的手势动作，使幼儿产生对音符唱名及相对音高的联想，将难以捉摸的音高在一定程度上予以视觉化、形象化。

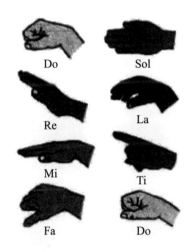

Do

Sol

Re

La

Mi

Ti

Fa

Do

图4-1 柯尔文音高手势

在具体的音乐活动中，手势只是一种视觉辅助手段。利用手势在空间位置的变化，帮助幼儿感觉和辨别音高，使原本抽象的音程关系变得形象。在歌唱活动中，教师首先可以利用手势提示幼儿音的升高与降低，然后可以利用手势表现一小段乐曲，请幼儿按照老师的手势唱出音调，做内心听觉的训练。

三、柯达伊对幼儿音乐教育的贡献

（一）唱歌教学的普及

从以前到现在，幼儿园的大多唱歌教学一直需要钢琴等伴奏伴随，一般也都认为若离开了钢琴，音乐活动开展起来便有了困难，幼儿有了伴奏才能把握音准。对于节奏，幼儿园也有一套有效的方法来训练幼儿，不管是教师还是幼儿对于音乐活动都望而却步，教师教的压力大，幼儿学的困难多。

柯达伊的教学理念正好相反，他提出全民音乐教育的理想。第一，所有的音乐教师都必须接受严格的专业训练，任何一位音乐教师，不管是否有钢琴在手边，都可以凭着任意一件简单的乐器开展教学；第二，幼儿从两岁起便可在幼儿园接受专门的音乐教育，这种音乐教育不是专门化、机械化的教育，而是让他们在听、唱熟悉的民间童谣中慢慢地成长。这种独特的歌唱教学理念对幼儿的音乐教育事业做出了极大的贡献。

（二）民族文化的强调

柯达伊将民族音乐作为音乐教育的主要内容，将包含着人民智慧和情感的歌曲灌输到学生的心灵中去，将他们与民族联系在一起，培养他们的民族文化意识，促进民族精神，培养了一大批具有音乐修养、热爱本民族灿烂文化的音乐爱好者，达到了爱国主义教育的目的。通过学习外国优秀的民族音乐，又培养了学生的开放性思维，开阔了学生的文化视野，最终提高他们的审美感，使得音乐真正成为生活中不可缺少的精神力量。同时，在合唱教学和乐谱读写教学方面也做出了十分有价值的贡献。

第二节　达尔克罗兹音乐教育思想

一、达尔克罗兹生平

达尔克罗兹出生于奥地利维也纳，是瑞士著名的作曲家、音乐教育家。他的家庭中有一些音乐的传统，有的前辈曾是唱诗班、弦乐四重奏的成员，他的家乡圣克罗兹是个很有音乐传统的小镇，以生产八音盒而闻名。他的母亲据说是一位音乐教师，注意培养子女学习音乐的兴趣。可能是因为受到家庭的影响，达尔克罗兹从小就开始学习音乐，6 岁时学习弹钢琴，7 岁时就写过进行曲。

从出生到 1875 年的 10 年间，达尔克罗兹居住在维也纳，有机会参加各种各样的音乐会，这给他提供了更多接触音乐的机会。1883 年，他进入日内瓦大学，一年后辍学去往巴黎继续学习音乐。1886 年，他回到维也纳音乐学院进一步深造。1892年，完成学业的达尔克罗兹进入了日内瓦音乐学院教授视唱练耳、和声等相关课程，并于 1894 年出版了视唱练耳教科书《实用音准练习》，以此为基础，开始了"体态律动"教学方法的实验和探索。1905 年，达尔克罗兹初步建立起自己的音乐教育体系，对当时瑞士的音乐界产生了不小的影响。1906 年，《达尔克罗兹体态律动教学法》一书正式出版，产生了巨大的反响，该教学法也逐渐在德国、英国，奥地利维也纳、法国巴黎等国家和地区得到推广。1950 年，达尔克罗兹在日内瓦病逝，但其教育体系却在世界各地广为流传和发展，对之后的音乐教育家和音乐教育的发展产生了重大的影响。

二、达尔克罗兹音乐教育的观点和内容

（一）达尔克罗兹音乐教育的观点

在日内瓦音乐学院担任视唱练耳音乐教师期间，达尔克罗兹发现学生的音乐表现、动作技术和音乐感受之间存在严重脱节，即音乐的表达缺乏对节奏细节的理解。针对这个问题，他对当时的教学方法提出了一系列有价值的问题：为什么音乐理论的教学都是专门化的，都是作为抽象的内容来进行教学的呢？为什么其技术性如此之强，与音乐中所凸显的流动线条、情感表达分割开来呢？音乐教育仅仅是为了教会学生记谱法、转调法、和声学等一些基本音乐理论吗？为什么不能将机械的音乐教育与发展学生对音乐的倾听能力，用自己独特的方式表现音乐的能力结合起来呢？也就是说要在运用音乐训练耳朵的同时唤醒并发展学生的音乐意识和表达。他的这些问题对其日后教育活动的开展以及教育理论的形成起到了关键性的作用。

达尔克罗兹在新想法的指导下，对视唱练耳和音乐理论课的教学进行了改革，突出体现在歌唱活动中，他创设了一门新的课程——高级视唱，将音乐活动中的视唱、练耳、理论学习及演唱和即兴创作相结合，突出表现在要求学生富有表现力地即兴歌唱。在一系列的尝试探索中他发现，一位真正的音乐家在表演的过程中身上总有某些神秘的东西能将对音乐的感觉、自己的情感、想象和气质紧密地联系在一起。可是音乐家身上的这些特质，在音乐课中却很少能被感觉到。后来他发现，是因为教学忽略了一个很重要的问题：有些音乐能力强的学生常会跟着音乐做摇头、晃身体，用手指或脚轻打拍子等动作，这些反应都是在放松的状态下自然、自发的表现。例如，有的学生会在舒缓的音乐声中轻轻闭上眼睛，使肌肉处于放松状态，有的学生会在进行曲式的音乐中紧握双拳，挥舞着拳头。这些都说明学生在用自己的身体动作表达对音乐的理解，感受着音乐带给他们的乐趣。相反，也有些音乐能力相对较弱的学生在音乐表演中对于节奏把握有困难，可这并不意味着他们没有节奏感，其实幼儿从出生开始就已经在不断地接触节奏了，如日常走路、跑步就是按照一定的节奏进行的。

随着实践探索的进行，结合对音乐起源的思考，他认为音乐与人的身体、人的生活有着密不可分的关系。人们可以通过肌肉的紧张与放松，表达自己的情绪，人们的情绪表达也需要利用人身体的各个部位。这些动作有些是无意识的、自发的行为，有些则是人的思想和意志支配的结果。人们不仅要用整个心灵去感受音乐，还应将此音乐所含的情感与自己身体的自然反应动作结合起来，因为任何音乐都可以通过身体表现出来，只有这样对音乐的理解才可能最真实，所表现的音乐才可能最完美、最能打动人。

鉴于以上原因，达尔克罗兹提出"音乐与身体运动之间的关系"这一哲学思考，

进而提出通过"身体节奏运动唤醒人们的音乐本能"。简单地说，他的理论核心可以归纳为：音乐教育的根本目的在于培养学生的审美情感，而这种审美情感的获得是基于对音乐的充分理解，并在音乐活动中通过不断获得积极的情感体验而实现的。体验音乐情绪、情感是达尔克罗兹音乐教学的出发点和宗旨。这种积极情感的体验是由自己的身体和动作来进行的，即用身体动作表达对听音乐的感受，这也特别适合于人的天性和本能。

（二）达尔克罗兹音乐教育的内容

达尔克罗兹的音乐探索刚开始是以音乐学院的学生为对象的，后来，他发现音乐与动作的结合训练特别适合于幼儿的天性和本能。于是他把自己对音乐教学的独特见解很快扩展到普通音乐教育中，尤其是幼儿音乐教育领域。其教学实践是由体态律动、视唱练耳和即兴的音乐创作三部分内容组成的。

1. 体态律动

体态律动，由于其独创性和即兴的音乐活动形式是在听音乐的同时以身体运动来体验音乐，这种身体动作不可以简单地归纳为用音乐伴奏的舞蹈，也不是健美体操，因为它不是模仿动作，不注重身体姿势和外表形式，而是将音乐融入内心深处，并能用肢体官能直接反映情感。他强调只有音乐与身体动作的结合，才能表达对音乐的深刻理解。于是他主张学习音乐时不仅要学习用听觉去感受音乐，还要用身体动作和心灵去感受、表现音乐情绪的变化、节奏快慢、旋律起伏。通过音乐与身体结合的节奏运动，可以培养幼儿对音乐节奏的细微区分、对音乐内涵的细腻感受和对音乐变化的敏捷反应，力图发展幼儿理解、体验、表现音乐情绪、情感的能力。

音乐活动以音乐为背景。为了使幼儿更好地表现音乐，首先要做的是使幼儿学会倾听，倾听是活动的基础。合乐动作的教学过程同样开始于聆听音乐或感受节奏音响，通过倾听从而引发幼儿身体自然的运动反应，是以声音和动作的结合为基础的。具体说来，体态律动的教学过程大致分为四个步骤。

（1）感受音响刺激

在音乐活动中培养幼儿的倾听能力，教师通过表演性的演唱、演奏及动作或组织音乐游戏活动，给幼儿以音响刺激，并引导幼儿感受这一音响刺激中的节奏元素，为之后的身体动作做准备。

（2）初步的动作反应

教师在活动中用简洁明了的语言提示幼儿做出与音响刺激相应的身体动作，并鼓励他们在动作上有所创新。虽然在这一阶段的动作较单一，但却不是连续机械的动作，而是在倾听的基础上将自己的感觉、情绪等一系列主观元素融合进来，并加以情感表现的结果。

（3）创造性、完美的动作反应

在这一阶段，要引导幼儿不再用单一的动作而是完美的身体动作来表现音乐，要注意自己动作与别人的不同；同时鼓励幼儿与同伴间的交流，激励他们在相互学习的同时做出更多、更新的动作反应。

（4）综合动作反应

完整的音乐学习应该是耳、眼、口、身体、脑、心的综合体验。此时可以引入图谱，帮助幼儿演奏、歌唱、进行动作表演，通过视觉加强幼儿对音乐的理解能力，更好地用身体动作去表演音乐。

2. 有趣的视唱练耳

中外传统意义上的视唱练耳分为视唱和听觉训练两大部分。"视唱"就是拿到一份五线谱乐曲看谱即唱的技能，需熟练掌握五线谱和各种高、中、低谱号，区别不同音之间音高的不同，以及不同音符所代表的长短时值，认识各种升、降记号，判断各种调式与调性等，演唱时要求达到音准、节奏准、有表现力地完整唱出来。"练耳"是听觉的训练，通常是对钢琴上弹奏出来的音进行听辨，训练幼儿靠听觉分辨音程、和弦、节奏，能把听到的音或曲调用五线谱准确地记录下来，还要能够听辨和弦，分析和弦的性质、功能，并能够唱出相应的音程与和弦等。此外，听觉训练还包括对音色的辨别能力。

值得一提的是，这里的视唱练耳和身体律动是紧密结合在一起的。达尔克罗兹认为，一切音乐教育都应当建立在听觉的基础上，而不是建立在模仿和数学运算的训练上。为了发展听觉和音乐素养，在具体的教学实践中，他主张将耳、口和身体配上言语与歌唱作为学习音乐的工具和手段。

3. 身体与音乐的即兴创作

达尔克罗兹把即兴创作的内容纳入音乐教育体系，一开始受到很多人的质疑：创作能力也可以教和学吗？关于这个问题，达尔克罗兹曾经提过，优秀教师的作用应该是使从墨守成规的人加在人们身上的所有心理障碍中解脱出来，根除周围世界给人们的偏见。可见，培养幼儿的即兴创作能力，关键在于教师正确的指导。

达尔克罗兹所提倡的即兴创作不是按照传统的方式，而是在"体态律动"理论的指导下进行的，使用律动材料（动作）和声音材料（音高、音阶）等元素即兴创作音乐，把自己的身体和音乐结合起来，融为一体。即兴音乐活动的形式可以分为即兴问答、即兴歌唱、即兴演奏、即兴指挥与表演。在学前阶段，即兴问答较为常见。即兴问答，是由两个人问答式的表演，其中表演者可以是教师和幼儿，也可以是幼儿与幼儿。问答的媒介不一定是歌唱，也可以是乐器、动作。如教师用歌声来问，幼儿用乐器来回答；教师也可以用乐器演奏来问，幼儿用动作来回答。为了增强幼儿的创作兴趣，可以循序渐进地引入一些简单的创作。

三、达尔克罗兹对幼儿音乐教育的贡献

达尔克罗兹音乐教育理论建立距今已有一个多世纪的历史了，其观点对后来相继出现的各种音乐教育改革的新思想、新体系都具有深远的影响，对于音乐教育的理念与实践同样有重大贡献。

（一）音乐天赋与教育

每个人的音乐天赋是与生俱来的，遗传固然重要，但后天的教育、环境却对音乐能力的发展起到至关重要的作用。试想从古至今有多少音乐家不是因为从小父母教育、家庭音乐氛围的影响而造就的呢？假如说一个孩子出生时有很高的音乐天赋，但把他放到一个没有音乐的环境中，从来不对他进行音乐教育，那么天赋只会逐渐减少，最终消失。所以达尔克罗兹认为，音乐教育越早进行越好。

（二）音乐与幼儿身心和谐发展

在音乐活动中，幼儿需要充分调动起听觉（倾听音乐、节奏）、视觉（读谱）、运动觉（口念儿歌、身体律动）等多种感官，发展幼儿的听觉灵敏度，对音乐节奏的感受与理解，通过一系列的身体大肌肉与小肌肉动作，促进幼儿的身体健康发展；在达尔克罗兹音乐活动中，强调为幼儿创设轻松、和谐的音乐学习氛围，使每位幼儿都能够亲自参与到活动中来，大胆表现，在音乐中提升自信、受到美的熏陶。

（三）音乐教育的适宜性

幼儿能力、知识获得的主要途径是通过各种感官的参与，因此幼儿教育活动中应尽可能多地提供感官刺激。达尔克罗兹音乐教育体系提供了多种感官参与音乐学习的有效方法和形式。如利用节奏使身体各部分动起来，使用纱巾、彩带和球类这些幼儿在生活中喜闻乐见的材料做活动教具等。如"舞动丝带"活动中，在教师示范了利用丝带舞动的动作后，请幼儿自己随意地舞动，可以使丝带缓缓飘下，也可以使丝带漂亮飞扬，有的飘然，有的有力，启发幼儿想象，鼓励幼儿创意出不同的感觉。接着为幼儿播放不同风格的音乐，请幼儿随音乐即兴地舞动，但即兴表演的过程中要把握音乐的节奏、情绪，将音乐的特点、感觉表现出来。

（四）体态律动综合性音乐活动

达尔克罗兹音乐教育体系的贡献在于"体态律动"理论的提出，在理论和实践两方面确定了身体运动在音乐教育中的重要作用，充分重视对幼儿想象力、创造力的培养。随着音乐教学实践的深入，如今体态律动教学活动更趋向于综合化。虽说前面在介绍达尔克罗兹音乐教育的课程内容时，将体态律动、视唱练耳、即兴创作分割开来，但在具体的教学过程中，三者是紧密联系在一起的，是一个综合体。

达尔克罗兹音乐教育体系最为可贵之处在于它立足于传统，着眼于发展。其三

大课程内容与教学方法总是跟当下的教育发展、教学状况相联系，与时俱进。所以必须以发展的眼光来分析它。在具体的使用过程中，要结合本国、本地方的特点，使其本土化，否则单纯的学习借鉴是没有任何意义的。

第三节　奥尔夫音乐教育思想

一、奥尔夫生平

奥尔夫，德国慕尼黑人，当代著名的作曲家，幼儿音乐教育家。奥尔夫音乐教育体系是世界著名的三大幼儿音乐教育体系之一。

奥尔夫从小便受到音乐的影响，幼儿时期最喜欢听妈妈弹琴。4 岁时，开始学着用土豆做成的人，穿上奇怪的布衣即兴表演提线木偶戏。5 岁时，在父亲的帮助下，拥有了自己的小舞台。幼年时期的经历，不仅显示出他在音乐舞台剧上的灵感与天分，也为他以后走上音乐教育的舞台奠定了坚实的基础。1924 年，奥尔夫与友人军特一起创办"军特体操音乐舞蹈学校"，探求音乐与动作的结合，开始了其音乐教育的生涯。1935 年，奥尔夫完成了《学校音乐》的写作，开始对幼儿音乐教育产生了浓厚的兴趣。之后该教材的出版，奠定了他新颖、独创的幼儿音乐教育体系。1949 年，奥尔夫和朋友开设了制造、改进奥尔夫乐器的工作室。1957—1958 年又举办了相关的电视节目，引起了巨大的反响。1961 年，奥尔夫研究所在奥地利莫扎特音乐学院成立，随后又在研究所的基础上成立了奥尔夫学院。从此，奥尔夫音乐教育思想和体系在德国乃至全世界迅速传播，成为公认的对现代音乐教育改革具有深远影响的主要体系之一。

二、奥尔夫音乐教育的观点和内容

（一）奥尔夫音乐教育的观点

奥尔夫认为，一种教育观点代表的不只是一种具体的方法，而是给了人们一种思想和启发，通过音乐教育达到人类最高智慧。当然，并不是说音乐活动可以代替智育，它先于智育，通过感知音乐要素而启发智力。所以，在音乐活动中，他不要求教幼儿唱歌、奏乐，而是强调让学生通过音乐实践，产生学习音乐的兴趣，从而获得思维与挖掘探索的能力；不要求学生完全模仿教师并杜绝强制性，而是让学生和教师共同创造，充分发挥个人的创造性。同时，他的音乐教育理论核心还强调原本性音乐教育、节奏第一、以及本土化的教学内容。

1. 原本性音乐教育

奥尔夫强调幼儿音乐教育应当从"元素性"的音乐教育入手，即不是单独的音乐活动，而是和动作、舞蹈、语言紧密结合在一起的；是一种人们必须亲自参与其中，而不是只作为听众的音乐活动。在实施原本性音乐教育时，可以利用最原始、最简单的节奏和音高等元素，以最古老、最自然的音乐实践形式——拍手、打击乐及即兴合作等方式面向每一个幼儿，唤起他们身上潜在的音乐本能，使音乐成为他们自发的需要。所以原本性的音乐教育既包含了音乐教学中节奏、音阶、旋律、和声等各类音乐元素，又包括音乐的行为方式、幼儿在音乐活动中的参与方式等要素。

2. 节奏第一

奥尔夫认为，构成音乐的第一要素是节奏而并非旋律。节奏可以脱离旋律而单独存在，但旋律却不可以脱离节奏而单独存在。因此，节奏被认为是音乐的生命，音乐生命力的源泉。奥尔夫强调要从节奏入手进行音乐教育，通过节奏与语言、身体动作、乐器演奏的结合对学生进行节奏感的培养。其中，节奏与语言的结合，即语言节奏朗诵，可以结合一定的词组或句子让学生掌握一定的节奏型；节奏与动作的结合，即身体节奏动作，可以结合人们最熟悉的跺脚、拍手等动作组合，培养对节奏的敏感性。

3. 本土化的教学内容

奥尔夫认为，民族音乐是一笔丰厚的文化遗产。能被人们广为流传的音乐游戏、儿歌表面上看起来形式简单，却往往是经久不衰，被人们口头传唱、老幼皆知的。这些作品集趣味性、游戏性于一体，歌词朗朗上口，是在生活中常能接触到而较为熟悉的，易被幼儿接受。所以奥尔夫音乐教育的教材内容很多都来自民间的游戏、民族音乐。

奥尔夫音乐教育体系已经成为世界范围内流传最广、影响最大的一种音乐教育体系，也是受我国相当多音乐教育者认可的一种外国音乐教育体系。在音乐教育中要避免"西化"的倾向和影响，遵行本土化的教学思想非常重要。

（二）奥尔夫音乐教育的内容

1. 语言在奥尔夫音乐活动中的运用

将语言引入音乐教学中是奥尔夫音乐教育的一大特色，也是他对音乐教学的一项伟大贡献。他认为语言是一般正常人都具备的能力，是用来表达思想与交流思想的工具，所以，利用语言作为起步的音乐教学，一定会使学生感到熟悉、亲切，因为"说话"无须专门的训练，这给人们学习音乐减少了障碍。

在一个人的文化构成中，语言是最根本、最基础的，而每个地方都有其独特的文化和语言。从本土出发的音乐教育，是奥尔夫音乐教育体系的一个重要教育观念。

奥尔夫在音乐教学实践中提出"原本性"的音乐教育，之前曾提到过原本性是将语言、动作融为一体，在教师的指导下，幼儿充分参与到活动中来。在活动中的表现是自发的、即兴的，来自内心的需要，而能把语言、动作、音乐综合在一起的最核心、最基本的元素就是节奏。所以节奏训练是基础，将语言与节奏结合起来，常见的是语言节奏朗诵。在奥尔夫音乐教育思想的影响下，近年来，我国的幼儿音乐教育也逐渐向本土化、民族化的方向发展。因此，在奥尔夫音乐活动中，要结合本民族、本地区的特点选择合适的教学内容，使幼儿在轻松的氛围中，结合熟悉的语言教材进行节奏练习。

比如将语言与节奏相结合，不能单纯理解为幼儿节奏练习，它还有其他多种形式，如使用事物的名称、成语、谚语等词语、短句进行节奏练习，还可以利用象声词、语气词等开展节奏游戏活动。再比如在字词练习的基础上，可以发展小短句的节奏练习。我国的语言丰富多彩，可以为之提供大量的素材，如四个字、五个字、六个字的成语练习，一些耳熟能详的谚语练习等。

2. 动作在奥尔夫音乐活动中的运用

奥尔夫通过研究原始人类的发展与幼儿的成长过程，发现音乐与人有着密切的联系，它是人的本能的反映，也是人类的产物。随着社会理性思潮的发展，人的这种本能往往被忽视，突出体现在学校课程的安排上。音乐活动可以对幼儿进行身体和心理两方面的综合平衡教育。当然，这种音乐活动必须将动作结合进来才能实现。结合动作的音乐教育活动，对培养幼儿身体和心理的自控能力、敏锐的听力、快速的反应能力、丰富的想象力具有重要的作用，更有利于素质教育目标的达成。动作在奥尔夫音乐活动中的运用包括律动、舞蹈、戏剧表演、声势活动、指挥等与身体动作相关的活动，这些内容又可以相互融合而形成新的教学内容。其中声势活动是指一种用简单而原始的身体动作发出各种有节奏声音的活动，而人体最基本的四种身体动作是跺脚、拍腿、拍手和捻指，这四种声势动作难度不大，教师可以充分利用这四种基本动作对幼儿进行节奏训练，使他们能毫无困难地参与其中，全身心地投入到有趣的节奏学习之中。

值得注意的是，奥尔夫作为一位伟大的音乐家，一个重要的特点是他在音乐剧方面的重大贡献。他创造了一种融音乐、舞蹈、戏剧为一体的音乐剧而不是歌剧或者交响乐。理解这一点，对了解他的音乐教学法是非常重要的。正是这种特点，使他的音乐课突破了单纯的课或器乐课的思路，形成在课堂上融舞（动作）、说、唱、奏及戏剧为一体的教学内容与形式。

3. 乐器在音乐活动中的运用

乐器在音乐活动中的运用指的是乐器演奏活动。这里的乐器一般意义上指的是奥尔夫乐器，这是一种世界上特有的乐器，不同于管弦乐、民族乐器，从理论上讲应该是指一切具有原始乐器特征的、可用简单的大肌肉动作来演奏的、易于为初学者所掌握的乐器，其中也包括能敲击发出响声、被学生在音乐活动中当作乐器来演奏的普通物体。从实际操作角度来说，奥尔夫乐器则是特指的那些由特别的机构根据奥尔夫音乐活动的需要专门制作和研制出来的乐器。奥尔夫乐器大致上分为两大类：一类是无固定音高的打击乐器，如三角铁、铃鼓、响板；另一类是有固定音高的打击乐器，如各类音条、音块乐器，像铝板琴、木琴、钟琴等。

在音乐活动中，不难发现并非所有的幼儿都喜欢唱歌，不管是生理原因还是个人的兴趣、爱好，在歌唱活动中存在很大的差异性。其实，从 5 岁开始其小肌肉便进入了迅速发展期，但嗓音却要到八九岁才能接近成熟，所以在幼儿时期进行乐器演奏活动是更为合理的。但并不是否定歌唱的重要性，相反，歌唱是人们最先用来表达情感的工具，人的第一件乐器就是人声。歌唱在音乐活动中的地位不可动摇，乐器可以用来帮助歌唱，为歌唱添彩，成为实现教学和艺术所必需的方法与手段，像我国民间的"四川盘子""凤阳花鼓""苏州评弹""京东大鼓"等都是歌唱与乐器的完美结合。

奥尔夫认为，在活动中采用乐器演奏有利于做到节奏第一，乐器本身也能吸引幼儿的注意力，其简单的操作方法有利于他们按音乐本能做即兴的演奏，激发其想象力。

三、奥尔夫对幼儿音乐教育的贡献

（一）回归自然的元素性音乐活动

奥尔夫强调原本性、元素性的音乐教育，创造了一种理论和实践体系，强调音乐是直接参与、人人参与的。学习音乐必须出于自然和熟悉，并符合生理发展规律。通过亲身体验，从身体的律动去感应节奏的美，在音乐环境中感受、欣赏、制造音乐进而学习音乐。使幼儿在自然的状态下进入音乐活动中，在丰富多彩的音乐世界中获得完整、全面的音乐体验。

（二）合作性集体音乐活动

奥尔夫强调集体教学，即让幼儿以小组活动的形式参与到活动中，便于幼儿之间的交流、分享和共同创造，有利于幼儿个性、社会性、创造性的发展。

（三）兼容并举改进幼儿音乐教育

奥尔夫同达尔克罗兹、柯达伊等人有着一致的音乐教育观点，因此，他兼容并举改进实施音乐教育的方法，以节奏练习为核心，总结出嗓音（歌唱、朗诵活动）、动作（律动、舞蹈、戏剧、指挥和声势活动）、乐器演奏活动、即兴创作（以简单的旋律、节奏、身体动作和乐器来创作和谐而多变化的音乐，容易让幼儿建立成就感）等多种感官参与的音乐教学法。

第四节　铃木镇一音乐教育思想

一、铃木镇一生平

铃木镇一是日本小提琴家、音乐教育家。铃木镇一出生于日本音乐世家，父亲拥有当时日本最大的小提琴制造工厂，他的父亲对于小提琴的研制工作具有浓厚的兴趣，同时对此也非常擅长。生长在这种音乐气氛非常浓厚的家庭中，铃木镇一从小就对音乐耳濡目染，很早就开始学习小提琴。1915 年，17 岁的铃木镇一于名古屋高等学校毕业之后，并没有停下学习的脚步，为了继续学习小提琴，他在 1920 年去往德国，拜卡尔·克林格尔教授为师，跟随他学习小提琴演奏长达八年，深受其影响，不管是在演奏技巧上还是在对音乐的看法和态度上，皆是如此。1928 年，铃木镇一完成学习回到日本，与自己的兄弟组成弦乐四重奏乐队，开始了他的演奏生涯，同时，他的小提琴教学活动也开始进行。

通过音乐教学实践，他领悟了音乐和语言之间具有密不可分的关系，发现了学习和环境有密不可分的关系，幼儿都具有学习潜力，并认为才能不是天生的，才能须经由后天培育，以正确的教育方法，优良的师资，配合适当的学习年龄，良好的学习环境才能成就教育的理想。1946 年，基于教幼儿演奏小提琴的实践，铃木镇一开始了其"天才教育体系"和"才能运动"的建设，创立了世界著名的"才能教育研究会"。到 20 世纪 50 年代已出现非常可观的效果，有很多人开始接受铃木镇一的教育方式，他的教育理念引发了世界范围的教育革命。此外，他的音乐教育体系也在世界范围内得到了广泛的关注，其很快就成为现代幼儿音乐教育领域中的翘楚。发展到现在，铃木镇一发明的这种教学法已经风靡全世界，最终跻身于世界著名四大音乐教学法之中。

二、铃木镇一音乐教育的观点和内容

（一）铃木镇一音乐教育的观点

1. 环境的影响

铃木镇一认为，人在文化方面的一切能力并非因遗传从内部产生，而是由于适应外在环境的条件从内部成长的。遗传只对生理机能条件的优劣产生作用，环境中不存在的事物就无法育成。才能并不是生来就有的，是通过后天的教育才逐渐积累形成的。如果每对父母都能注意到每个幼儿的本能，而且能提供理想的环境，所有的幼儿都将获得并且发展出一系列非常突出能力，这个理论适用于全世界的幼儿，没有例外。

铃木镇一认为，对人进行培养才是教育的主要目的，也是最终目的。他认为，通过对幼儿教授音乐，使音乐对幼儿产生潜移默化的作用，通过早期教育可以使幼儿的潜力得到最大限度的开发，如果幼儿都能够接受这样的教育，那么将他们培养到与巴赫和莫扎特相差无几的音乐高度是非常容易的。可以使幼儿从人格到其他不同方面，甚至整个人都能全部融入音乐之中，幼儿在欣赏、感知音乐的过程中，不知不觉地能够使人格得到很好的培养。一个人从刚出生就能进行的教育，只有音乐。除此之外，人的不同能力之间是有密切联系的，一种能力的培养和形成，对其他能力的培养和发展会产生一种非常有力的辅助作用。

2. 母语教学

事实上，每个人与生俱来都有两种语言，这两种语言都是从小接受，并持续整个人生，它们就是母语和音乐。音乐好比一种语言，要掌握一种语言，最好从小开始学，开始得越早越能把语言掌握得像母语一样。只要幼儿稍有掌握某种乐器的能力，就可以让他们进行学习。铃木镇一认为，音乐和语言一样，都是人和人沟通的方法之一，语言这么复杂的系统人人都可以学会，音乐也一样可以学好。语言的学习过程是：先听很长的一段时间，然后模仿说出简单的音来，再发展成词或句子，进度缓慢，并经过反复练习，得到父母鼓励，再继续更进一步练习，这一理论成了他音乐教学的重要哲学基础之一。

因此，要想让幼儿好好学习音乐，首先要做的工作是为其学习提供一个适合的环境，这个环境要和学习母语的环境一样，让幼儿学习音乐的时候像学母语的时候一样，这样，他们在学习音乐的时候就会容易很多，而这样的学习方式也会令学习效果提升。因此，铃木镇一创造的教学法也被人们叫作"母语教学法"。

3. 家庭的影响

铃木镇一认为，每一个人刚出生的时候，大脑都像一张白纸一样干净，由于周围的环境都各不相同，因此每个人所受的影响也不相同，所谓的"性相近，习相远"说的就是这个道理。所以，幼儿成长的过程中家庭的作用是非常重要的。心理学研究也说明，每个人刚出生的时候，大脑都是非常干净的，随着时间的推移，每天都会受到来自生活中各种各样的刺激，在这一过程中，脑细胞开始慢慢联结，于是能力就逐渐地形成了。每个人的能力并不是天生就有的，而是出生之后在适应环境的过程中培养出来的。不管幼儿的出生地在哪里，生活在哪里，他们能力的培养都与生活地的国情、文化、风俗以及习惯等多种因素有密切的联系。在每个国家的不同地区，都有着不同的父母以及不同的家庭环境，这些父母在不同的环境中培养出来的孩子也是千差万别的。父母为幼儿创造的生活和发展环境——家庭，是培养幼儿自身能力最为重要的因素和条件。挖掘幼儿的内在能力是所有父母义不容辞的重大责任。铃木镇一强调，如果想要向幼儿灌输东西，父母首先要做的就是树立好的榜样。

（二）铃木镇一音乐教育的内容

铃木镇一音乐教学法的核心是：才能是通过后天的有效教育发展起来的。这里所谓的"才能"，并非指培育天才孩子，而是指开发深藏于每个幼儿内在的潜能。因此，铃木镇一的教育观念并不以培养音乐家和职业音乐工作者为主要目标，而是希望通过最好的方法对幼儿进行音乐教育，传播"音乐中的爱"，使所有的幼儿都能成为具有美好心灵的人。

1. 及早对幼儿进行教育

铃木镇一认为，学习应该是自出生的那天起，应当先听很多的音乐。根据人类经验的原则，旧经验帮助新学习，及早学习可提供丰富的经验以作为新学习的基础。

2. 母语教学法

有一段时间铃木镇一和他的侄子生活在一起，他发现侄子对语言的掌握是通过日常生活的潜移默化很快掌握的，由此顿悟出音乐学习的道理与语言学习一样，因此他的教学法也被称为"母语教学法"。

母语教学法的主要内容有以下几点：①母语是依赖环境来学习的，整个环境都是幼儿的老师。只要有美好的音乐环境就能够造就具有美好音乐能力的幼儿。②母语的学习是不断地听、模仿和重复的过程。在音乐的学习过程中，也应该充分重视听、模仿和重复的作用。③母语的学习是以非正规的过程为基础，以幼儿的能力自然发展的。音乐的教育也应该尊重幼儿的自然发展和实际能力。④母语的学习过程是自然、愉快的。幼儿学讲话时，是从简单的单音开始，在父母、亲人不断的鼓励下，逐渐会讲词语、句子。音乐的学习也应该有自然、愉快的环境，要不断地以爱心鼓励幼儿的点滴进步。

三、铃木镇一对幼儿音乐教育的贡献

（一）认为幼儿是一个非常出色的学习者

铃木镇一从幼儿很小的时候就能学会流利地使用本国语言这一现象入手，提出了幼儿的音乐才能是通过教育者的开发而获得的这一认识，并着手在乐器演奏领域里设计幼儿演奏才能开发的具体方法和过程。那些严格按照铃木镇一乐器教学法培养的孩子在很小的年龄段、在较短的时间内就能获得小提琴演奏技巧的迅速提高，甚至能够流畅地演奏古典音乐大师的著名作品。

（二）重视幼儿的学习兴趣

很多家长在幼儿很小的时候就开始训练他们的音乐才能，但对于大多数幼儿而言，这个过程都是非常痛苦的，因为很多家长是强迫他们而不是引导他们学习。解决这个问题的关键是兴趣，兴趣是最好的老师，当学习者对学习内容产生浓厚兴趣的时候，这种才能开发的可能性就随之形成了，因此幼儿音乐教育的一个首要任务，就是培养幼儿的浓厚兴趣。为此，铃木镇一提出和设计了一整套调动幼儿学习兴趣的办法，其中最重要的一点是使幼儿学习在快乐的游戏中开始，在游戏的快乐中逐渐引向正轨，这一点对学习者和开发者来说都是至关重要的。

（三）尽可能进行早期开发

铃木镇一通过日常观察，发现幼儿能够在很早的时候就学会流利地使用语言这一事实，并据此认为既然幼儿可以在很小的时候就能掌握语言这种难度极大的学习对象，那么只要采用同语言学习相似的方法，其他各种才能的掌握也就是顺理成章的事情。从这些研究和探索出发，铃木镇一努力将在这方面获得的研究成果运用到自己的小提琴、大提琴等乐器演奏的教学方法上，从而取得了明显的成果。对此，铃木镇一得出一个结论：在某个领域能力发展较高的人，同样也可以在其他领域达到相同的高度，幼儿学习语言和对小提琴演奏技巧的掌握，道理都是相同的。铃木镇一认为，这种才能的培养应该是尽早开始的，而且应该是坚持不懈地进行开发，使之随着身体的成长而不断形成和发展。

第五章 基于美育的幼儿音乐教育目标

第一节 幼儿音乐教育目标制定的依据

幼儿教育是一项有目的、有计划、有组织的活动。人们在实施教育活动之前，就在头脑中对教育活动结束时所要取得的效果产生了期望和要求。这种对教育效果的期望和要求就是教育目标。教育目标为教育要达到的标准和要求指明了方向，它是教育实践活动的起点。教育目标不仅影响着教育内容、方法、手段和教育活动的组织形式，而且决定着教师的观念和行为，最终对儿童的发展发挥效力。因此，制定科学的教育目标，是进行幼儿音乐教育的重要前提。

幼儿音乐教育是幼儿全面发展教育的一个重要组成部分。幼儿音乐教育目标是幼儿教育总目标在音乐教育中的具体体现。在制定幼儿音乐教育目标时，需要考虑社会、儿童和学科这三个关键因素。

一、社会发展与幼儿音乐教育目标

制定幼儿音乐教育目标的依据之一是社会发展的需要。不同的社会因为政治、经济、文化的差异，会对人才的规格提出不同的要求，所提出的教育目标也会存在差异。比如，中国古代封建社会比较关注社会成员服从的品质，认为教育应该具有促进社会安定的功能，所以当时的音乐教育目标偏重理性审美教育和情感、行动的节制。而日本社会十分强调整个民族在世界上的生存竞争能力，所以在音乐教育中将培养儿童的心理承受力、团体精神、纪律性、责任感、独立性以及独创性作为重要的目标。当今社会是一个知识爆炸的社会，信息技术的发展导致了知识的快速增长。当前世界知识总量增长速度之快，使得任何一个人都不可能记住其所属领域的所有知识。这就要求在制定幼儿音乐教育目标时要注重培养幼儿的学习能力，激发他们主动求知的欲望，而不是片面追求习得歌曲或舞蹈的数量。只有这样，幼儿才能在未来的社会生活中游刃有余。当前也是一个全球化的时代，科学技术的发展在给人们带来便利的同时，也产生了许多负面影响。环境污染、气候变暖、能源危机等问题成为世界性问题，这些问题不是凭谁一己之力可以解决的，而需要依靠人们的通力合作。这就需要未来的社会成员要有团结合作、不怕挫折、勇于探索等良好的个性和社会性品质。它要求幼儿园音乐教育目标要十分重视对幼儿健全人格的塑造。可见，教育目的的内容在一定程度上反映了社会对受教育者的要求，它随着社会的发展变化而有所不同，其背后蕴含着时代特点。作为学前教育的领域之一，幼儿音乐教育绝不是为了培养专门的音乐人才，而是通过音乐活动树立幼儿的合作意识与团队精神，帮助幼儿养成活泼开朗、热爱生活、积极向上等良好的个性和社会性品质。

二、幼儿发展的需要

教育目标的制定不仅要符合社会发展的需要，还要适应幼儿个性发展的需要。从本质上讲，社会发展需要和幼儿发展需要是一致的。社会发展需要是对社会成员的规格性要求，这种要求只有通过个体的发展才能实现。幼儿音乐教育的对象是 0 ~ 6 岁的幼儿，他们有别于其他阶段的儿童，有着自己的独特性。因此，只有深入探索这一特定群体的发展特点和规律，在明晰他们发展需要的基础上才能制定出有助于他们成长的幼儿音乐教育目标。

第一，在探索幼儿发展特点时，要将幼儿看成一个完人，一个整体的人。他们的发展涉及身体、认知、情感、品德等各个方面，每个方面的发展都不是一个独立的过程，而是各方面的综合发展，它们构成了促进和影响幼儿身心发展的外部力量和影响因素，关系着幼儿的全面发展和终身发展。同时，这些方面又是相互渗透、相互作用、相互促进的，没有任何一方面是脱离整体而孤立进行的，也没有任何一方面是不与其他方面发生关系的。因此，在制定幼儿音乐教育目标时，要把儿童的发展看成一个整体，提出包括认知经验、方法技能、情感态度以及个性品质等方面的综合性教育目标。

第二，要看到不同年龄幼儿发展的层次性。幼儿身心发展的特点是变化大、速度快，甚至可以用"日新月异"来概括，对于不同年龄的幼儿，他们的发展水平和发展需要也不一样。因此，幼儿音乐教育目标的制定需要体现年龄的层次性，也就是说，针对不同年龄的幼儿提出不同难易层级的目标。这就要求要能较好地把握各年龄段儿童的一般发展水平和可能达到的发展水平，在此基础上制定适宜的教育目标，从而将促进儿童发展的目的落到实处。

第三，还要考虑到幼儿发展的个别差异。幼儿的发展存在着个别差异性，即使是同一年龄段的幼儿，他们在兴趣、需要等方面也可能迥然不同。比如，有的幼儿动作协调性较好，有的幼儿反应较快，有的幼儿节奏感很强。但是，教师对每个幼儿的发展所给予的期望应该是相同的，应当允许并支持他们以自己特有的方式和速度来学习与发展，这正是"注重个体差异，因人施教"的确切含义。因此，在制定幼儿音乐教育目标时要避免千人一面的现象，要针对幼儿特定的发展水平和发展需要，提出不同的教育要求。与此同时，作为以幼儿为重要依据的教育目标，在贯彻落实在过程中更要注意：①计划性与灵活性相结合。也就是说，在实际工作中，教师的目标意识主要表现在能够正确地评价幼儿当前活动的教育意义，敏感地发现并把握教育契机，对幼儿施加符合教育目标的影响，再根据实际特点，灵活创设能够支持与引领他们学习的情境，而不是僵化、刻板地对教学目标按部就班地执行。②统一要求与因材施教相结合。教育目标只是规定了幼儿通过相应的活动应该达到的一般发展要求，但并不是忽略幼儿个体的学习与发展特点。当然，更不是对发展速度暂时较慢的幼儿的放任自流。统一的教育目标必须与因材施教相结合，以保证每个幼儿在原有水平上获得发展。

三、学科本身所具有的特点

幼儿音乐教育目标是学前教育总目标在音乐领域的具体体现，它需要充分反映音乐这门艺术学科鲜明的个性，从而区别于科学、语言、健康等领域的目标。

音乐是一门声音的艺术。它通过有机组织的声音材料塑造艺术形象，反映现实社会生活，表现人们的思想情感。音乐创作者通过融入自己的审美理想、审美情感、审美习惯和审美需要，创造性地对各种声音加以挑选、组织，以恰当地表现特定内容。这就要求要将初步了解与认识各类音乐的表现形式和手段，习得与掌握一些必要的、粗浅的音乐知识技能，积累音乐活动的相关经验等纳入幼儿音乐教育目标的范围。

音乐更是一门情感艺术。音乐不可能像造型艺术那样，塑造出具体的生活图景或故事情节。它所擅长的是通过情感的直接抒发和体验达到审美活动的目的，其有别于其他学科的一个典型特征就是它更直接诉之于人的感情。音乐将人置于某一特定的情景中，以情感体验为核心，继而对客观事物做出肯定或否定的审美态度和审美评价，最终使人在情感上产生共鸣，在品德上得到陶冶。而正是由于情感本身所具有的微妙性、模糊性和不可描述性，欣赏者才能够获得更自由的体验空间。因此，在幼儿音乐教育目标的制定过程中，一定要考虑到审美感知、审美理解、审美想象等方面的内容。

综上所述，社会、儿童、学科是制定幼儿音乐教育目标的三大依据。无论是幼儿音乐教育总目标体系的建构，还是具体教育活动目标的制定，都必须同时考虑并协调这三者的关系。只有真正体现社会需要和个人需要的统一，同时又综合地反映音乐学科的特点，这样的目标对学科的发展才是有意义的。

第二节 幼儿音乐教育目标的结构

任何一个教育目标体系都是按照一定规律组织起来的复杂的系统。从课程设计和实施的过程来看，幼儿音乐教育目标包括自上而下的四个层次：幼儿音乐教育的总目标、幼儿音乐教育的年龄阶段目标、幼儿音乐教育的单元目标、幼儿音乐教育的活动目标等内容。

一、幼儿音乐教育的总目标

幼儿音乐教育的总目标是幼儿教育目标的有机组成部分，是我国的教育方针政策在幼儿音乐领域的体现和落实。因此，在制定幼儿音乐领域具体的教育目标之前，需要依据国家的方针政策制定幼儿音乐教育的总目标。幼儿音乐教育的总目标是指依据国家的教育方针、教育目的及学前教育总目标而制定的幼儿在教师指导下进行音乐学习时所应获得的发展。幼儿音乐教育的总目标是将一般所说的"体、智、德、美、劳全面发展"的目标转化为幼儿音乐教育中的中长期发展的具体要求，它属于幼儿音乐教育目标体系中概括层次最高的目标，具有统领作用。下面是对幼儿音乐教育总目标的阐述。

（一）歌唱活动

1. 知识与技能目标

第一，能够感知、理解歌曲的歌词和曲调所表现的内容、情感和意义，进行带有创造性的歌唱表现；第二，能够基本正确地再现歌曲的歌词和曲调，能够较正确地咬字、吐字和呼吸；第三，能较自然地运用声音表情，能够唱出适度、美好的声音；第四，能够在用歌唱的方式与他人交往时自然地运用脸部表情和身体动作表情；第五，知道保护嗓音的基本要点。

2. 过程与方法目标

第一，能够尝试运用各种策略记忆歌词；第二，在他人演唱或表达时能够认真倾听，学会向他人学习并尝试反思与自我调整；第三，能够探索、运用具有一定创造性的歌唱表现的方式；第四，能够尝试迁移经验进行创造性的艺术表达；第五，能够有依据地回答问题，不胡乱猜测，敢于表达。

3. 情感态度与价值观目标

第一，体验歌唱活动的快乐，喜欢参加歌唱活动；第二，能够理解各种集体歌唱表演需要合作协调，并愿意适当控制和调节自己歌唱的音量以融入集体；第三，乐于用歌唱的方式与人交往，尊重他人的表达权利；第四，能够体验并努力追求集体歌唱活动中的声音和谐与情感默契的快乐。

（二）韵律活动

1. 知识与技能目标

第一，能够感知、理解韵律动作所表现的内容和意义，并知道如何进行带有创造性的动作表现；第二，能够感知、理解韵律动作与音乐的关系，知道如何使自己的动作与音乐相协调，并能够运用肢体做出自然、舒适的动作；第三，能够比较有效地控制自己的身体，及时地按自己的意愿发动和停止动作，能够比较协调地做出各种韵律动作；第四，能够感知、理解道具使用在韵律动作表现活动中的意义，知道如何运用简单的道具；第五，能够理解与韵律活动有关的空间知识，并能够较熟练地运用简单的空间知识、技能进行动作表现；第六，能够在合作的韵律活动中比较自然地运用动作、表情与他人交往、合作（包括指挥活动）。

2. 过程与方法目标

第一，能够比较自如地运用自己的身体动作进行再现性和创造性艺术表现；第二，能够主动注意各种动作表演中道具的用法，喜欢探索和运用道具，并能够具有一定创造性地选择、制作和使用道具；第三，能够主动注意身体造型和身体移动过程中的空间因素，喜欢探索和运用空间知识；第四，在他人表演或表达时能够认真观察、聆听，学会向他人学习并尝试进行反思与自我调整。

3. 情感态度与价值观目标

第一，体验韵律活动的快乐，喜欢参加韵律活动；第二，能够理解各种韵律活动形式所需的交往、合作要求，并知道如何与他人交往、合作；第三，体验并努力追求在与他人合作的动作表演活动中获得交往、合作的快乐；第四，能够在韵律活动中控制自己的动作，与同伴保持合适的距离，不推挤他人。

（三）打击乐活动

1. 知识与技能目标

第一，能够比较自如地演奏一些常见的打击乐器，知道要用适度、美好的音色演奏；第二，能够初步辨别各种常见打击乐器的音色，并知道如何运用各种乐器音色变化的简单规律进行带有创造性的表演；第三，能够掌握一些常见的简单节奏型，并知道如何运用各种节奏型的简单变化规律进行创造性表现；第四，能够比较熟练地运用乐器进行再现性和创造性表现，能够奏出和谐、美好、有表现力的音响；第五，能够比较迅速、准确地根据指挥手势进行演奏；第六，知道有关保护乐器的意义和简单知识。

2. 过程与方法目标

第一，喜欢探索乐器的演奏方法和音色变化的关系，喜欢运用已掌握的节奏型进行带有创造性的表演；第二，能够注意和努力追求有表现力的、与音乐相协调的、声音和谐的、情感默契的音响；第三，在他人演奏或表达时能够认真倾听，学会向他人学习并尝试反思与自我调整；第四，能够探索、运用具有一定创造性的演奏或协奏方式。

3. 情感态度与价值观目标

第一，能够体验并努力追求参与打击乐器演奏的快乐；第二，能够在集体奏乐活动中有意识地控制、调节自己奏出的声音，使自己的演奏与集体相协调，与音乐相协调；第三，能够理解集体奏乐活动所需的交往、合作要求，能够认真看指挥者的手势，知道应该如何与指挥者相配合；第四，知道爱护乐器，并能自觉遵守有关保护乐器的要求；第五，能够协调自己的偏爱与他人的意愿，并在发放、使用、收藏乐器时遵守必要的常规。

（四）欣赏活动

1. 知识与技能目标

第一，能初步感受性质鲜明而单纯、结构短小的歌曲和有标题的器乐曲的形象、内容、情感，并能在感受过程中产生较积极的外部反应；第二，能分辨差别明显的高低、快慢、强弱，能分辨音乐中的拍子，初步掌握前奏、间奏、尾奏，乐段、乐句的开始和结束，知道什么是音乐结构中的重复；第三，初步学习运用语言文字、美术造型、动作表演等各种不同的艺术表现手段来表达自己对音乐、舞蹈作品的理解认识、想象联想和情感体验。

2. 过程与方法目标

第一，能够在音乐欣赏的过程中积极运用想象、联想，积极独立地选择动作、语言等产生创造性的反应；第二，能够在欣赏音乐、舞蹈表演的过程中注意运用有关的概念、知识去加强、深化自己的感知和理解；第三，初步了解应该如何从音乐、舞蹈活动中获取各种艺术和非艺术的经验；第四，初步养成安静聆听、观赏音乐、舞蹈表演的习惯。

3. 情感态度与价值观目标

第一，体验音乐欣赏活动的快乐，喜欢参加音乐欣赏活动；第二，喜欢倾听、观赏周围环境中各种事物的形态、声音和运动状态，也喜欢用自己的体态、嗓音和动作来表现或创造性地表现它们；第三，对各种不同的音乐、舞蹈的形式、内容，有比较广泛的爱好；第四，喜欢与他人分享聆听、观赏及谈论音乐舞蹈表演的快乐。

二、幼儿音乐教育的年龄阶段目标

幼儿音乐教育的年龄阶段目标是指依据幼儿音乐教育总目标制定的针对幼儿园大、中、小班不同年龄段确立的中短期发展目标。它本质上是幼儿音乐教育总目标在年龄阶段的具体落实和体现，从而形成由总目标体系统率下的目标体系框架。由于年龄阶段目标是依据幼儿音乐教育总目标并结合年龄特点制定而成的，它既体现了不同年龄段的幼儿在发展水平上的差异，又体现了各年龄段幼儿发展的连续性，因此对实践具有重要的指导意义。幼儿音乐教育的年龄阶段目标的概括层次要低于总目标，但是又要高于单元目标和活动目标。

（一）0～3岁年龄阶段目标

1.0～1.5岁

第一，能够自发注意周围事物，能够注意跟随或寻找移动的声音或物体；第二，能够理解他人的声音表情、动作表情、面部表情所传达的意思并能够做出积极的反应；第三，喜欢独自或与熟悉的人一起做声音的或动作的游戏，并能从游戏中获得探索、创造、交往的快乐；第四，喜欢音乐，能够自发地注意、安静地倾听并做出愉快的反应。

2.1.5～3岁

（1）小托班

第一，喜欢倾听别人说话、歌唱、念儿歌，能够主动观察周围事物，并注意区别事物的明显特征；第二，喜欢模仿别人说话、歌唱、念儿歌，也喜欢自由地发出各种嗓音和做出各种简单的动作；第三，喜欢摆弄物体，并能够用不同的方式去探索物体并制造出不同的声音；第四，对熟悉和喜爱的音乐能够自发地注意并喜欢随音乐自由地做动作、歌唱、念儿歌或敲打物体；第五，喜欢用自己想出的嗓音和动作表达自己对事物的认识和体验；第六，积极地独自表演音乐和享受音乐，也喜欢与熟悉的人共同表演和享受音乐。

（2）大托班

第一，喜欢各种和谐、悦耳的音乐和优美、有表现力的动作；第二，能够记住一些音乐和动作的片段，对熟悉的音乐和动作能够做出更积极的反应；第三，能够愉快地倾听、观看并积极参与他人的音乐、舞蹈表演活动；第四，能够开始注意在歌唱、做动作或敲打物体时尽量跟随音乐的节奏；第五，喜欢改变模仿得来的声音、动作，也喜欢自己创造一些新的声音、动作，并能够有意识地从这种创造活动中获得快乐；第六，能够开始注意使自己的表演尽量与共同活动的人协调一致。

（二）3～6岁年龄阶段目标

1.歌唱活动

（1）小班

第一，学习用正确的姿势、自然的声音歌唱，音域在 c^1-g^1 之间；第二，学习一句一句地歌唱，吐字基本清楚、节奏基本正确，并逐步做到唱准曲调；第三，能使自己的歌声与琴声或共同歌唱的其他人的歌声相一致，初步学会分小组接唱、对唱；第四，在有伴奏的情况下，能独立地、基本完整地唱熟悉的歌曲；第五，能初步理解和表现歌曲的形象、内容和情感；第六，在教师的帮助下能够并喜欢为熟悉、短小、工整、多重复的简单歌曲增编新的歌词；第七，喜欢自己歌唱，也喜欢和别人一起歌唱；第八，知道不能长时间地大声歌唱；第九，学会唱一定数量的歌曲。

（2）中班

第一，能用正确的姿势、自然的声音歌唱，音域在 c^1–a^1 之间；第二，能一句一句地歌唱，吐字清楚、节奏正确，并逐步做到在有伴奏的情况下独立地唱准曲调；第三，能使自己的歌声与琴声或共同歌唱的其他人的歌声相一致，初步学会独立地接唱和与他人对唱；第四，学会在歌唱过程中等待和正确地表现歌曲的前奏、间奏和尾奏；第五，学习用不同的速度、力度、音色变化来表现歌曲的形象、内容和情感，能唱出 2/4 拍和 3/4 拍歌曲的不同节拍感觉；第六，能够并喜欢为熟悉、短小、工整、多重复的简单歌曲增编新的歌词，并能较独立地将新编的歌词填入曲调中唱出；第七，喜欢自己歌唱，喜欢在集体中歌唱，也喜欢独立地在大家面前歌唱；第八，知道不能在剧烈运动后歌唱；第九，学会唱一定数量的歌曲。

（3）大班

第一，能用正确的姿势、自然美好的声音歌唱，音域在 c^1–c^2 之间；第二，基本上能在没有伴奏的情况下独立地歌唱，并能正确地表现出熟悉歌曲的节奏、旋律和歌词；第三，能够根据不同的合唱要求控制、调节自己的歌声，初步学会领唱、齐唱、两声部轮唱、简单的两声部合唱等歌唱表演形式，并在集体歌唱活动中能够产生初步的默契感；第四，能用不同的速度、力度、音色变化来表现歌曲的形象、内容和情感，能唱出 2/4 拍和 3/4 拍歌曲的不同节拍感觉，初步学习用连贯的顿、跳的唱法来表现歌曲的不同意境；第五，学习演唱弱起的乐句，能较恰当地表现乐曲的起、止，以及首句重音、词意重音和衬字、衬词；第六，能够并喜欢为熟悉、短小、工整、多重复的简单歌曲增编新词，能基本独立地即兴编填新词并即兴唱出；第七，喜欢自己歌唱，喜欢在集体中歌唱，也喜欢单独表演和用不同的合作表演形式歌唱；第八，知道不能在空气污浊、天气恶劣的情况下歌唱；第九，学会唱一定数量的歌曲。

2. 韵律活动

（1）小班

第一，基本上能按照音乐的节奏做上肢或下肢的基本动作和模仿动作；第二，基本上能随音乐变化改变动作（包括在变换曲调或曲调不变的情况下明显地改变力度、速度等）；第三，初步学习用手、脚等简单的身体动作表现歌曲或乐曲的节奏，乐段的开始和结束，以及相关的形象、内容、情感（其中包括韵律动作和指挥动作）；第四，学习一些由二分音符、四分音符、八分音符构成的简单节奏型，并学习用自己创编的简单动作表现这些节奏型；第五，积累一些简单的模仿动作和基本动作；学会一些简单的集体舞；第六，初步了解道具在韵律动作表演中的作用，喜欢在动作表演活动中使用简单的道具；第七，在没有队形规定的情况下能够自己选择便于活动的空间，在空间中移动时能够不与他人碰撞；第八，愿意参加由教师发起的韵律活动；第九，初步尝试指挥的乐趣，初步体验用表情、动作、姿态与人沟通的方法和乐趣。

（2）中班

第一，能够按音乐的节奏做简单的上、下肢联合的基本动作、模仿动作和舞蹈动作；第二，能随音乐变化改变动作（包括在变换曲调或曲调不变的情况下改变力度、速度、音区和节拍等）；第三，学习用手、脚及其他简单的身体动作表现歌曲或乐曲的前奏、间奏、尾奏，乐段、乐句的开始和结束，以及有关的形象、内容、情感（其中包括韵律动作和指挥动作）；第四，学习一些创造性地改编熟悉节奏型的方法，并学会用自己想出的简单动作创造性地表现这些节奏型（所学节奏型仍主要由二分音符、四分音符、八分音符构成）；第五，进一步积累一些稍复杂的模仿动作，学会一些基本的舞蹈动作和集体舞，初步了解一些创编韵律动作组合的规律；第六，进一步了解各种不同道具的特点，能够比较熟练地在动作表演中使用一些简单的道具；第七，在没有合作要求的情况下能够根据现有空间情况随时调节自己的活动，在有合作要求的情况下能够同时兼顾合作伙伴和其他人的状况调节自己的活动；第八，喜欢自发地随歌曲、乐曲自由舞蹈，也喜欢参加由教师发起的各种韵律活动；第九，进一步体验指挥的乐趣，进一步提高从事指挥活动的自信心，进一步增强运用表情、动作、姿态与人沟通的能力。

（3）大班

第一，能够比较准确地按音乐的节奏做各种稍复杂的基本动作、模仿动作和舞蹈动作的组合；第二，能随音乐的变化较迅速地改变动作（包括在变换曲调或曲调不变的情况下改变力度、速度、音区、节拍、节奏型等）；第三，进一步学习用各种简单的身体动作组合表现歌曲或乐曲的前奏、间奏、尾奏，乐段、乐句的起止和重复变化，以及有关的形象、内容、情感（其中包括韵律动作和指挥动作）；第四，学习一些由二分音符、四分音符、八分音符构成的稍复杂的节奏型，并学会创造新节奏型和创造性地表现熟悉节奏型的方法；第五，进一步丰富舞蹈动作语汇，进一步了解创编韵律动作组合的规律，学会跳一些含有创造性成分的稍复杂的集体舞；第六，能够更多地了解不同道具在不同动作表演中的作用，喜欢带有创造性地为不同的韵律活动选择不同的道具，并能较熟练地使用这些道具；第七，能够使用已掌握的空间知识带有创造性地进行动作表演，能够在有更多人参加的合作表演中较好地解决空间分配问题；第八，喜欢自发地随歌曲、乐曲自由舞蹈，积极参加教师或儿童发起的创造性韵律活动；第九，更有自信心、独立性和创造性地从事指挥活动，更积极、熟练地运用表情、动作、姿态与人沟通。

3. 打击乐活动

（1）小班

第一，学习几种打击乐器的基本奏法（如串铃、铃鼓、有硬把的碰铃、鼓等可用手臂的大肌肉动作演奏的乐器），学会用适中的力量演奏；第二，了解乐器的名称并初步学习辨别其音色特征，在教师指导下初步体会创造性变化演奏方案的乐趣；第三，能独立随熟悉的歌曲或乐曲有节奏地演奏，能在集体中按节奏随简单歌曲或乐曲齐奏；第四，初步学会按指挥要求开始和结束演奏；第五，喜欢玩弄打击乐器，喜欢参与集体的演奏活动；第六，了解打击乐器演奏活动中必须遵守的基本规则——如何取放乐器，如何根据指挥的要求进行演奏，活动过程中不得随便玩弄乐器等；第七，能在教师的指导下集体发放、收取和分类收藏乐器，了解爱护乐器的一般知识；第八，学会演奏一定数量的打击乐曲。

（2）中班

第一，进一步学习一些打击乐器的基本奏法（如小钹、圆弧响板、吊钹、沙球等），学习探索熟悉乐器的不同奏法，学会追求适中的音量和美好的音色；第二，了解乐器的名称并基本学会辨别其音色特征，初步体会各种演奏方案中音色配置的对比性规律，在教师指导下初步尝试集体设计演奏方案；第三，能独立使用某一种固定节奏型随熟悉的歌曲或乐曲演奏，能在集体的齐奏或合奏中按规定速度演奏自己的节奏型；第四，进一步学会看指挥开始、结束和变化演奏；第五，喜欢随音乐演奏打击乐器，积极参与集体讨论演奏方案的活动；第六，能比较自觉地遵守打击乐器演奏活动的基本规则，初步养成集中注意力看指挥和对指挥的要求做出积极反应的习惯；第七，能较熟练地按照已有规则发放、收取和分类收藏乐器，养成爱护乐器的态度和习惯；第八，学会演奏一定数量的打击乐曲。

（3）大班

第一，进一步学习更多种类的打击乐器的基本奏法（如木鱼、双响筒、三角铁等需用腕、指等小肌肉动作演奏的乐器），进一步学习探索同一种乐器的不同奏法，学会追求音色、音量的表现力；第二，了解乐器名称并能辨别其音色特征，学习探索音色的分类并在教师的指导下学习制作简单的打击乐器，初步体会各种演奏方案中音色、音量和节奏型配置的表现规律，初步学会独立地设计演奏方案；第三，能独立使用一种以上固定节奏型随熟悉的歌曲或乐曲演奏，能在集体齐奏或合奏中始终保持自己的声部，并能有意识地努力在音色、音量和表情上与集体形成默契；第四，能按指挥的手势比较迅速、正确地做出反应；第五，喜欢随音乐演奏打击乐器，积极参与展示自己设计的演奏方案的活动；第六，初步形成积极追求和维护有秩序的集体演奏活动的意识，并能从中获取愉快的体验；第七，形成发放、收取、分类收藏乐器的值日生制度，养成对集体和乐器负责的积极情感；第八，学会演奏一定数量的打击乐曲。

4. 欣赏活动

（1）小班

第一，能初步感受性质鲜明而单纯、结构短小的歌曲和有标题的器乐曲的形象、内容、情感，并能在感受过程中产生较积极的外部反应；第二，初步了解进行曲、摇篮曲、舞曲和劳动音乐的特征；第三，在有对比的情况下能分辨音乐中差别明显的高低、快慢、强弱，能分辨音乐中的拍子，能听出歌曲、乐曲的前奏及开始和结束；第四，喜欢倾听、观赏周围环境中各种事物的形态、声音和运动状态，也喜欢用自己的体态、嗓音和动作来表现它们；第五，喜欢聆听、观赏他人表演的音乐或舞蹈并进行模仿；第六，初步注意音乐、舞蹈、文学、美术等艺术形式怎样反映周围熟悉的事物，初步注意不同艺术形式在反映现实事物时的共同性和差异性；第七，能够在短时间内集中注意力聆听或观看自己所喜欢的音乐舞蹈表演；第八，欣赏一定数量的音乐、舞蹈作品。

（2）中班

第一，能感受性质鲜明而单纯、结构短小的歌曲和器乐曲的形象、内容、情感，并能在感受过程中产生一定的想象、联想和积极的外部反应；第二，在进一步了解进行曲、摇篮曲、舞曲、劳动音乐的基础上，了解其名称并学会描述其特征；第三，在有对比的情况下能分辨音乐中差别较明显的高低、快慢、强弱，能正确区分 2/4 拍和 3/4 拍的音乐，初步掌握前奏、间奏、尾奏，以及乐段、乐句的开始和结束，初步知道什么是音乐结构中的重复；第四，喜欢倾听、观赏周围环境中各种事物的形态、声音和运动状态，也喜欢用音乐舞蹈表演的方式带有创造性地表现它们；第五，喜欢聆听、观赏他人表演的音乐舞蹈，也喜欢参与并开始注意吸收这些表演方式中使自己感兴趣的部分；第六，初步学习用不同的艺术手段来表现欣赏音乐、舞蹈作品的感受，初步学习如何从音乐、舞蹈欣赏中获取各种艺术和非艺术的经验；第七，能够在一定时间内比较集中注意地倾听音乐、观看舞蹈表演；第八，欣赏一定数量的音乐、舞蹈作品，并能够在一定程度上再认欣赏过的作品。

（3）大班

第一，能较准确地感受性质鲜明而单纯、结构适中的器乐曲和稍复杂的艺术歌曲的形象、内容、情感，并能在感受过程中产生较丰富的想象、联想和积极而富有个性的外部反应；第二，在扩大接触作品的基础上进一步丰富和深化对进行曲、摇篮曲、舞曲、劳动音乐的认识；第三，能对歌曲、乐曲的音区、速度、力度、节拍等性质和变化做出直接判断，进一步掌握音乐的结构，能分辨乐段、乐句中明显的重复与变化关系；第四，喜欢倾听、观赏周围环境中各种事物的形态、声音和运动状态，也喜欢用音乐舞蹈表演的方式带有创造性地表现它们；第五，喜欢倾听、观赏他人表演的音乐或舞蹈，喜欢参与并注意吸收其中使自己感兴趣的部分，也喜欢与他人交流自己的看法；第六，喜欢并较自信地使用不同的艺术手段来表达欣赏音乐、舞蹈作品的感受，能比较自觉地从音乐、舞蹈欣赏中获取各种艺术和非艺术的经验；第七，初步养成注重情感参与，并能安静聆听音乐和观赏舞蹈表演的习惯；第八，欣赏一定数量的音乐、舞蹈作品，并能够在一定程度上再现欣赏过的作品片段。

三、幼儿音乐教育的单元目标

幼儿音乐教育目标中对单元目标有双重理解：一种理解为时间单元；另一种则理解为主题活动单元。时间单元可以理解为在一定的时间范围内所要达到的目标，比如一个月或一周内要达到的目标；主题活动单元可以理解为在一系列活动结束后所要达到的目标，比如"开开心心过新年"主题活动结束后要实现的目标。

四、幼儿音乐教育的活动目标

幼儿音乐教育的活动目标同样有两种理解方式：一种是将活动理解为一个独立的单位，也就是通常意义上的一次活动结束后要实现的目标；另一种是将活动理解为一系列的活动，此时的活动目标被看成是一组需要连续地逐步达到的发展要求。

根据上述的目标分析，可以获悉幼儿音乐教育目标是通过层层的具体化，逐步落实到每一个教育活动中去的。从这个意义上说，幼儿音乐教育的过程就是一个从幼儿音乐教育的总目标向幼儿音乐教育的活动目标逐步转化的过程。教育者只有以教育目标为导向，努力完成每一个低层次的目标，最终才能实现高层次的目标。

第三节　幼儿音乐教育目标的撰写原则与方法

幼儿音乐教育目标的落实和实现有赖于具体的教育活动目标。因此，教育实践操作的第一步就是提出和撰写教育活动目标。近年来的幼儿园教科研活动和师资培训活动显示了一个共性的现象：当教师能独立且清晰地提出和撰写幼儿音乐教育活动的目标时，音乐教育活动设计的科学性和效果的有效性就得到了相应的提高。帮助教师获得撰写音乐教育目标的能力被看成是改变教师教育观念和教育技能的第一要义。因此，职前教师需要学习并理解音乐教育目标的撰写原则和方法，为制定适宜的音乐教育目标奠定良好的基础。

一、幼儿音乐教育活动目标的撰写原则

撰写幼儿音乐教育活动目标需要遵循三个原则：系统化原则、系列化原则、行为化原则。

（一）系统化原则

系统化是指幼儿音乐教育活动目标的内容必须包括三条内容。第一，音乐素质发展要求：音乐学科的知识与技能的获得以及音乐感的发展；第二，学习素质发展要求：学习策略、学习技能的获得；第三，做人素质发展要求：价值观念的获得与积极的情感、个性和社会性的发展。这三项内容可以用十二个字概括：学会音乐、学会学习、学会做人。

（二）系列化原则

系列化主要强调的是"循序渐进"，它包括能力目标系列化和材料系列化。

能力目标系列化是指在不同活动中同一能力在发展要求上的循序渐进。下面这组目标主要是促进幼儿"按音乐节奏做动作"的能力，这一目标在小、中、大班的活动中的要求是层层递进的。

小班：基本上能按照音乐节奏做上肢或者下肢的简单动作和模仿动作。

中班：能按照音乐节奏做上肢或者下肢联合的基本动作、模仿动作和舞蹈动作。

大班：能准确地按音乐节奏做各种稍复杂的基本动作、模仿动作和舞蹈动作。

材料系列化是指同样的内容在不同活动中，以及在发展要求上的循序渐进。比如将大班歌曲《多幸福》设计为下面的三个系列活动：

第一，韵律活动。目标可表述为：学习藏族舞步退踏步，能初步随音乐做舞步；在观察比较进退步和退踏步的基础上，掌握退踏步舞步的特点；在进行圆圈舞蹈时，注意控制舞步的声音。

第二，歌唱活动。目标可表述为：①进一步熟悉音乐旋律，能边做舞蹈动作边歌唱。用歌声表现出欢快的情绪；借助舞蹈动作，加深对歌词的理解和记忆；巩固对藏族的认识，进一步了解藏族是能歌善舞的民族。②在复习歌曲的基础上，学习用两声部轮唱的方式演唱歌曲《多幸福》；通过观看教师的指挥手势，准确地掌握自己所属声部演唱的开始和终止时间；在演唱中，不大声喊叫，注意倾听其他声部的演唱。

第三，奏乐活动。目标可表述为：在随乐表演动作的基础上，尝试将舞蹈动作转换为节奏动作，并尝试用打击乐器演奏；探索铃鼓的不同演奏方法，并尝试演奏；在交换乐器时，注意不携带乐器跑动。

（三）行为化原则

行为化原则在撰写过程中的具体要求是：第一，必须固定使用幼儿或教师作为行为发出的主体，但陈述时主语可以不出现；第二，必须陈述可见的行为；第三，必要时可补充说明该行为发生的附加条件和行为反应水平的限定语。

二、提出和撰写幼儿音乐教育活动目标的方法

（一）幼儿音乐教育活动目标的提出和撰写

提出和撰写幼儿音乐教育活动目标时，教师首先要分析音乐和舞蹈作品中所包含的知识和技能；然后通过反复吟唱或欣赏作品，发现这些知识技能所体现的审美含义；依据受教育者的年龄特点，确立在何种程度上操作能够对幼儿产生具有真实意义的挑战。在这里以"休止符"为例来说明这个问题。休止符是音乐学科的一个知识点，通常被理解为静止，不发出声音。但是，作品中的休止符，不一定都表示不发出声音，而是具有特定的审美含义。中班歌曲《在农场里》有多处休止符，这里出现的休止符具有快活和俏皮的意思，而这种快活和俏皮的含义又符合中班幼儿的接受水平，因此休止符可以作为一个知识点在教育目标中呈现出来。这个目标可以被表述为：复习歌曲《在农场里》，学习用较短促、稍跳跃的声音唱出歌曲中各种动物欢迎客人时快活、俏皮的口气和心情。

（二）学习能力发展目标的提出和撰写

在以往的实践中，教师对幼儿学习能力的培养主要偏重记忆能力和模仿能力。随着对学习能力认识的深入，大家普遍意识到学习能力包含着丰富的内容，如记忆能力、模仿能力、创造性学习的能力、反思能力、探索能力、自主选择能力、问题解决的能力、克服困难的能力、迁移能力等。因此，教师需要根据教学活动的实际情况提出相应的学习能力培养要求，帮助越来越多的幼儿为自己的学习效率承担责任，将提高幼儿学习的品质真正落到实处。比如，在学唱《两个小娃娃》这首歌曲时，就可以提出创造性学习能力的培养要求，让儿童根据生活经验，学习用替换词的方法创编地名。

（三）价值观念、个性与社会性发展目标的提出和撰写

在过去的音乐教育过程中，教师往往将教学的重心放在知识技能的传授上，忽视了幼儿自我管理、自我认识、自我建设能力的培养，割裂了社会交往、社会协作、社会责任感及道德感与音乐感知、理解、表达能力发展之间的关系。这样，就使得通过音乐教育促进个体和谐发展的目标沦为一句空话。因此，在目标制定过程中必须把音乐活动中蕴含的关于积极情感、良好个性和社会性发展的内容作为音乐教育活动的目标提出来，使幼儿在音乐活动中的经验能够成为一个和谐的整体。比如，

在教授《两个小娃娃》这首歌时，将社会性目标表述为：在对唱游戏中，体验与教师进行歌声、目光交流的愉悦。在韵律活动《包饺子》中将这一目标表述为：在表现饺子沸腾的过程中找空的地方，不与别人碰撞。

三、幼儿音乐教育活动目标的表述

幼儿学科的音乐教育活动目标常见的表述方式如下，职前教师可以直接套用、替换和改造：

（一）音乐学科的发展目标

音乐发展目标可按如下固定的句式表述：学习演唱＿＿＿＿（或在熟悉乐曲旋律的基础上），感受＿＿＿＿，学习（用）＿＿＿＿，表现＿＿＿＿。

这个句子可以完整呈现，也可以拆分使用。比如，①学习演唱歌曲《摇篮曲》，感受歌曲旋律的风格，学习用轻柔的声音演唱歌曲，表现妈妈哄宝宝睡觉时温柔甜蜜的样子。②学习用老爷爷捶腿、走路的动作表现 A 段音乐轻柔、缓慢，B 段音乐轻松的不同性质。③在熟悉的音乐旋律基础上，学习按照音乐节拍一下一下合拍地做日常生活活动的模仿动作。④熟悉乐曲旋律，学习小碎步，能随音乐做开车、碰车、转圈等动作。⑤熟悉乐曲的旋律和内容，感受乐曲热情、豪放的风格，在掌握动作总谱（语音总谱……）的基础上，学习随乐曲有节奏地演奏。⑥熟悉歌曲的旋律，学会演唱歌曲中的音符（附点、休止、切分音、下滑音、弱起……）部分，体验和表现歌曲雄壮有力的特征。⑦用自然的声音演唱，学习对唱（接唱、说唱、分角色演唱……）的表演形式。

（二）学习能力的发展目标

前面已经提到过学习能力目标包含着丰富的内容。从当前幼儿音乐教育的实践来看，以培养幼儿观察模仿能力和问题解决能力为多，其他的学习能力目标正日益受到大家的关注。

观察模仿能力的陈述需要在表述中澄清"观察模仿＿＿＿＿，学习＿＿＿＿（理解）"的问题。比如，通过观察模仿教师的动作，学习舞蹈动作和交换舞伴的方法。

问题解决能力可以再细分为创造性解决问题能力、比较分析能力、推理能力。

创造性解决问题能力的目标可按如下方式表述：①根据日常生活经验，创编碰车、转圈的动作；②学习用替换词的方法，创编歌词中的地名；③在图片的提示下，创编猪儿叫唤的节奏。

比较分析能力的目标可按如下方式表述：通过观察比较进退步与踏步的异同，发现进退步的行进规律，并掌握进退步的动作。

推理能力的目标可按如下方式表述：学习根据第一段歌曲图谱结构图推断出第

二、三段歌词的内容。

此外，迁移策略、认识学习策略也在学习能力发展目标中得到了大家的关注。它们可按如下方式表述：迁移网小鱼的游戏规则，学习演唱歌曲（迁移策略）；懂得故事情节，能帮助自己分辨乐曲结构（认识学习策略）。

（三）价值观念、个性及社会性的发展目标

价值观念、个性及社会性的发展目标主要包括情感体验、能力表达、自我认识、自我管理、社会交往，以及协作能力、社会责任感和道德感等方面的内容。这些能力的目标可按如下的方式表述：

第一，通过与教师的对唱（接唱、问答、触碰……），体验与教师和同伴目光交流（表情交流、身体接触……）的快乐。（情感体验）

第二，在游戏活动中（躲闪、交换舞伴时……），注意控制与他人的间距（动作的力度、动作幅度……），不拥挤（不弄疼别人、不影响别人……）；在音乐的前奏、间奏、尾奏进行躲藏、造型以及"木头人"等克制性游戏，游戏时能坚持在规定时间内克制不动；在演唱、演奏或表演时注意适当控制动作的力度、速度、幅度以便与他人以及音乐协调一致。（自我克制）

第三，学习与他人协作的能力，体验与同伴共同合作演奏（演唱、舞蹈……）的快乐。（协作）

第四，初步懂得不能随便说大话的道理。（道德感）

第五，有初步的安全意识，懂得不能在床上乱跳。（自我管理）

第六，愿意接受他人的建议和想法，能与他人愉快合作，创造性地进行表演。（社会交往）

第七，在倾听、欣赏和讨论活动中，愿意与大家分享自己的观点和建议。（自我表达）

第六章　基于美育的幼儿音乐教育过程

第一节　音乐活动与幼儿审美想象的多样性

一、幼儿审美想象概述

（一）幼儿审美想象的内涵

1. 审美想象

有学者认为，审美想象是在审美知觉基础上以心象为形式的创造性的心理过程。研究者在《5～6岁幼儿审美想象的实验研究》中提出，审美想象是发生在审美活动中的想象，其心理机制与想象的心理机制相同。还有学者认为，审美想象是审美主体使审美活动顺利进行的一项重要的能力，又叫审美想象力。在具体的审美活动中，审美活动能否产生的关键是主体审美的需要，而主体审美能力，尤其是审美想象力，是使审美活动顺利开展并实现主体审美理想的必要条件。审美想象使幼儿的审美活动不再是对审美对象的简单复制，在审美想象的驱动下，幼儿的情感能够移入审美对象中，将现实与理想联结，满足幼儿的审美需求。审美想象是指在音乐活动中，幼儿在生理因素和心理因素的基础上，将自己对音乐活动中的审美对象独特的感知和理解结合起来，在头脑中进行重新建构，从而产生创造美和表达美的一种能力。

2. 幼儿审美想象

幼儿审美想象能力是指幼儿在音乐活动中，通过对音乐活动的审美感知，唤醒记忆中的审美表象，并对此进行个性的加工和创新，创造出具有个性情感意义的审美想象的能力。幼儿的审美想象力具有强烈的本能特点，具有纯真、稚拙、愉悦、怪诞、质朴的"独特的童趣"，他们不像成人总是受外界环境和社会思想的束缚，他们有着更多天马行空的审美想象。

（二）培养幼儿审美想象的必要性

艺术教育是幼儿全面发展教育不可或缺的组成部分，而音乐活动则是幼儿艺术教育活动中非常重要的内容之一。《3～6岁儿童学习与发展指南》明确指出，艺术是人类感受美、表现美和创造美的重要形式，也是表达自己对周围世界的认识和情绪态度的独特方式。

儿童在学前期就已经开始出现审美心理活动，幼儿期是审美心理发生的敏感期，是幼儿审美能力快速发展的关键时期，幼儿已经开始具备审美偏爱和审美欣赏能力，也开始具备模糊的审美标准。我们常常听到幼儿在游戏、玩耍的时候本能地哼着歌；也常看到蹒跚学步的幼儿听到音乐就扭动身体，手舞足蹈，还不会讲完整句子的幼儿却能哼唱完整的乐句。对此，哥伦比亚大学教育学院儿童音乐教育家爱丽斯教授认为，常态的幼儿没有一个不喜欢音乐的，声音和动作是幼儿生活中最有趣的两个因素。由此不难分析，审美与表达成为幼儿音乐教育的核心所在。但是，由于幼儿缺乏知识经验以及心理方面的限制，这决定了幼儿的审美标准不同于成人。幼儿常常会毫不拘束地表达自己对美的想法和观点，每个幼儿都有着与生俱来的艺术感受力，而后天的合理引导和教育能够帮助幼儿发挥更大的艺术潜力。同时，随着素质教育理念的不断深化和推进，以艺术领域为出发点进行的各项教育活动在幼儿园中得到广泛认可，艺术领域已经成为幼儿园教育的重要组成部分。通过开展形式多样的艺术教学活动，培养幼儿的审美能力以及审美想象能力，这直接影响到幼儿创造力的发展以及个体早期人格的形成。

总之，学前期是培养幼儿审美能力的关键期，在幼儿阶段进行审美教育，不仅能直接影响幼儿早期的审美心理结构和审美能力，而且对幼儿终生的审美态度、情趣的培养以及健全人格的形成等都能起到至关重要的作用。

二、音乐作品的选择

本环节的目的是提高幼儿审美想象的多样性，所以选取的活动内容大都具有发散性的特点，可以通过活动中的事物想象到其他同一类别，不同种类的事物或感情。此部分选取的活动歌词具有表演性质，有故事情节以及描写风景的类型，让幼儿可以用肢体动作和语言来表达歌词内容，提高审美想象的多样性。

第一次活动选取的《茉莉花》是我国的一首江南名歌，曲风轻盈活泼，婉转流畅，表达了人们热爱大自然的情感，可培养幼儿热爱花朵、热爱大自然的情感；同时通过音乐欣赏活动可以进一步让幼儿想象跟音乐内容有关的场景、人物或物体。第二次音乐活动选取的《迷路的小花鸭》是一首极富教育意义的儿童歌曲，幼儿一般已经具有初步的生活经验和阅历，通过歌唱活动这种有益的形式能够让幼儿体验生活、体会情感。

三、第一次活动：音乐欣赏活动《茉莉花》

（一）活动目标

第一，使幼儿初步了解江南民歌《茉莉花》旋律委婉、流畅，感情细腻的特点。

第二，使幼儿能感受乐曲的段落、小节，并按音乐的变化和教师的指示用不同形式、优美的动作加以表现。

第三，使幼儿萌发喜欢听民歌和对民歌的热爱之情。

（二）活动重难点

第一，使幼儿初步了解江南民歌《茉莉花》旋律委婉、流畅，感情细腻的特点。

第二，使幼儿分别感受乐曲段、小节，并按音乐的变化和教师的指示用不同形式、优美的动作加以表现。

（三）活动准备

第一，茉莉花干花、花饰、茉莉花的图片。

第二，《茉莉花》配套音乐。

第三，茉莉花舞蹈视频。

（四）活动过程

第一，出示茉莉花干花，激发幼儿的兴趣。

师：小朋友，你们喜欢花吗？你们最喜欢什么花？今天我们来听一首关于花的歌曲，大家听听唱的是什么花呢？

播放《茉莉花》音乐，幼儿欣赏。

第二，欣赏歌曲，熟悉歌名。

师：歌中唱的是什么花？它长什么样子呢？

出示茉莉花图片，简单认识。

小结：茉莉花也称"茉莉"，为复瓣小白花，小巧玲珑，清香四溢。

揭示歌名，介绍有关江南民歌《茉莉花》的粗略知识。

小结：茉莉花在我国历史悠久，这首民歌轻盈活泼，淳朴优美，婉转流畅，短小精致，易唱易记，表达了人们爱花、惜花、护花、热爱大自然、向往美好生活的思想情感。

师：你们觉得《茉莉花》是一首怎么样的歌曲？听了有什么感觉？

小结：歌曲是两拍子的，这是一首旋律委婉、流畅，感情细腻的歌。

第三，聆听音乐，欣赏画面（教师提供茉莉花开的各种动态画面）。

师：《茉莉花》这首歌曲有几段？你们是怎么知道的？用什么办法记住呢？

请幼儿根据段落的变化尝试每一段用不同的开花造型来表现。（教师观察引导并用贴饰奖励动作优美、感受正确的幼儿）

第四，观看视频，动作表演。

播放《茉莉花》舞蹈视频。

请幼儿跟随视频和音乐做各种动作。（教师把好看的花环套在舞姿优美的幼儿的脖子上）

（五）活动延伸

第一，可在美工区中，让幼儿画各种造型的茉莉花。

第二，可将《茉莉花》的音乐放在表演区中，让幼儿进行舞蹈表演。

第三，家庭中可以让幼儿与爸爸妈妈共同进行音乐表演，可以加入扇子等元素。

（六）活动分析及反思

1.活动分析

此音乐欣赏活动采用了与美术活动相结合的方式，其最突出的特点是将听觉艺术与视觉艺术巧妙地结合在一起。通过让幼儿根据对音乐作品的感受创作视觉艺术作品，进一步引发幼儿的联想、想象，加深并检验了幼儿对所欣赏作品的感受，能使幼儿在提高音乐欣赏水平的同时，提高视觉艺术的创作水平。设计的环节结构是完整欣赏—分段欣赏—再次完整欣赏，这样的总—分—总形式让幼儿对这首乐曲有更深入的体验。幼儿会随着音乐联想到不同的开花造型，PPT 的动态花开画面引起了幼儿的关注，特别是根据段落的变化尝试不同的开花造型的游戏，幼儿玩得不亦乐乎，使整节活动达到了高潮。

2.活动反思

目标制定不适宜，没有贴近《茉莉花》这首歌曲，没有挖掘到这个欣赏素材点。任何一首委婉、流畅的民歌歌曲都可以运用这三条目标，说明在制定目标的时候没有多方面解析素材。按音乐的变化和教师的指示用不同的形式、优美的动作表现，对于中班的幼儿来说难度过高，所以目标的制定还需要在活动实施前结合幼儿年龄特点多加思考。

另外，教师的语言缺少感染力。幼儿对于歌曲的理解需要依靠教师声情并茂、形象生动的语言传递来学习。幼儿对作品的欣赏不同于成人通过阅读文字就能轻易把握，而是需要借助语言表达进行传递。活动中教师出现的提问语句："唱的是什么花？""是一首怎么样的歌曲？""听了有什么感受？"，回答语句如："你这个方法很好。""你跳得很美。"对具有情景化、感受性、欣赏性的表达语言缺少一定的储备。

在音乐欣赏活动中，幼儿是活动的主体，教师更多的是支持者和引导者的角色，但在活动中教师会不自觉地表现出指导语过多、线索过多、发问过多。比如，在第二个环节中，教师对"这是一首怎么样的歌曲，听了有什么感觉"方面有过多的提问。教师很希望得到的答案是与节拍旋律有关的，所以一直在尝试引导幼儿往相关内容上回答。但每个幼儿都存在个体差异，在聆听音乐时会有不同的理解、不同的想法，教师应当重视每一个幼儿的回答，不需要把幼儿的奇思妙想引导到统一答案。

四、第二次活动：歌唱活动《迷路的小花鸭》

（一）设计意图

《迷路的小花鸭》是一首极富教育意义的儿童歌曲，幼儿已经具有初步的生活经验和阅历，能够意识到并理解歌曲所传达的教育意义。学唱歌曲不是教育的目的，会表演、会创编歌词也不是教育的最终归宿，重要的是通过歌唱活动这种有益的形式能够让幼儿体验生活、体会情感。

（二）活动目标

第一，使幼儿理解两段歌词及表达的不同情感，在学会唱歌的基础上学习用轻柔、跳跃的歌声加以表现。

第二，让幼儿用动作表现歌词内容，发挥想象力。

第三，使幼儿感受人与动物间和谐美好的关系，培养其关心、爱护小动物的情感。

（三）重难点

第一，使幼儿在理解歌词的基础上体会歌曲的意义。

第二，能够激发幼儿关心爱护周围事物的情感。

（四）活动准备

哭泣的小花鸭图片一张，小朋友救助小花鸭图片一张，图谱两幅，哭笑脸谱各一个，幼儿人手一份图谱（小图片若干）。

（五）活动过程

1. 活动导入

使用直观形象法和故事讲述法导入，激发幼儿的兴趣。

出示第一张图片。

师：你们看到了什么？

幼 A：我看到一只小鸭子在池塘边玩。

幼 B：我看到小鸭子哭了，因为它想妈妈了。

幼 C：我还看到了柳树。

教师讲述故事：有一天，小花鸭在池塘边的柳树下玩，玩着玩着它迷路了，找不到家也找不到妈妈了，它哭了，哭着喊着叫它的妈妈……

2. 活动展开

第一，教师随旋律跳一段舞，让幼儿猜猜教师想要告诉大家什么。

幼 A：我看到老师做这个是水波的意思。（做手指波动状）

幼 B：我看到树在摇摆。（手臂挥动）

幼C：我看到小鸭子在叫，这样是哭。（做擦泪动作）

这一环节主要是让幼儿在欣赏舞蹈的同时熟悉旋律，同时也给下面的歌唱表演一个示范性的启发。

第二，师幼合作填充完成图谱，学唱歌曲第一段。

出示第一张图谱，了解每一格表示一句歌词。教师唱，幼儿按序指图。

师：碰到了什么问题？

幼：第1、2、3格是空格，没有小图片。

教师指4、5、6三格。

师：你们听到老师刚才在这几个地方唱了什么？

幼A：这是鸭子的嘴巴。我听到（唱）：嘎嘎嘎嘎，嘎嘎嘎嘎。

幼B：第6格画的是鸭妈妈。

师：（引导唱）：哭着叫妈妈。

幼儿指图学唱4、5、6句。

师：小花鸭在什么地方叫妈妈呢？

幼：在池塘边，柳树下。

师幼一起边听教师唱，边随幼儿的回答填充1、2、3格，幼儿学唱1、2、3句。

师幼一起看图谱唱歌，检查贴得是否正确。

请幼儿一边看图，一边唱歌。

第三，学习制作第二张图谱，创编第二段歌词。

出示第二张图片。

师：小花鸭迷路了，请小朋友猜一猜这时谁看见了它？

幼：是小朋友看见了它。

提示幼儿在小图片中找出小朋友、眼睛，贴进1、2两格，学唱1、2两句。

师：小朋友是怎么做的？

幼：把小花鸭抱起来。

引导幼儿贴第3格，连唱1、2、3句。

师：小朋友很高兴，她是怎么唱歌的？找找应该贴哪幅图片？

幼：啦啦啦。

引导幼儿贴第4、5格，连唱第1~5句。

引导幼儿将小房子贴入最后一格，并检查是否正确。连唱第二段，边看图谱，边试着唱出歌曲第二段。

第四，边指图谱，边完整演唱歌曲。

出示哭、笑两张表情脸谱，请幼儿分别贴到图谱前。

师：该如何贴？为什么？

幼：哭的脸贴上面，因为小花鸭找不到妈妈就哭了；笑的脸贴下面，小花鸭回家了很高兴。

师小结：第一段讲小花鸭迷路了，找不到妈妈，心里很难过，要用轻柔的、伤心难过的声音来唱；第二段讲小朋友把小花鸭送回家，小花鸭心里很高兴，所以要用高兴的、跳跃的声音来唱。

跟随伴奏有感情地演唱歌曲两遍。

（六）活动延伸

下课之后根据歌曲《迷路的小花鸭》进行绘画活动，表达自己的真实情感。

（七）活动分析

在整个活动过程中，幼儿情绪高涨，兴致盎然。《迷路的小花鸭》具有相对完整的故事情节，为了更好地帮助幼儿理解、体验和记忆，教师根据歌词内容绘制了优美的故事图片，教师清唱歌词给幼儿听，幼儿再逐句学唱。因为活动中加入了手的动作，再加上幼儿每贴一张图片就预示着一句新歌词的产生，这样就会消除幼儿因为无目的地反复练唱和记忆歌词而产生的枯燥感，幼儿在活动中边玩边唱，轻松地学会了歌曲，并且一直保持积极的情趣。通过讲故事和手工活动，幼儿对乐曲有了深入的体验，活动目标在环节中也得到了实现。

第二节　音乐活动与幼儿审美想象的情感性

一、音乐作品的选择

此部分曲目选择的目的是激发幼儿审美想象的情感性，所以在活动的选择上多选择幼儿生活中熟悉的事物，能够接触次数较多的事物，歌词内容风趣幽默，旋律欢快轻松，可以给幼儿营造一种轻松的活动氛围，从而让幼儿能够表达自身的情感。

第一次音乐活动《表情歌》，是一首比较流行的儿歌，音乐风格明显，幼儿在跟着音乐打节奏时可以感受歌曲中的情绪，对喜怒哀乐等情绪都有一定的情感体验。这首歌可以给幼儿营造一种和谐、民主的心理氛围，让幼儿敢于并乐于表达和表现。第二次音乐活动《喜洋洋》是我国经典的民族乐曲，整个乐曲欢快动听、热情洋溢，蕴含着浓郁的节日气息，能够吸引幼儿的注意力，也易于幼儿接受、感知。

二、第一次活动：律动活动《表情歌》

（一）活动目标

第一，使幼儿知道×××××是一种节奏型，并掌握此种节奏。

第二，使幼儿能尝试用肢体动作去表现歌词和节奏。

（二）活动重难点

使幼儿能用肢体动作表达×××××节奏型。

（三）活动准备

第一，活动小律动，电子琴，《表情歌》儿歌视频。

第二，图谱。两张"高兴"脸谱，两张"伤心"脸谱，三张拍手图片，三张"跺脚"图片，六张"×××××"图片。

（四）活动过程

第一，律动导入，初步感受×××××的节奏型。

师：小朋友们，我们每次活动前的小律动都是按照一定的节拍重复动作，你们发现了么？

教师小结：在歌曲中反复出现的、有一定特征的节奏称为"节奏型"，刚才的小律动里面藏着的一种节奏型是"×××××"。

第二，观看视频，熟悉×××××节奏型。

师：小狗贝贝唱的一首《表情歌》里面也藏着"×××××"这样的节奏型，我们一起来看看吧！

师：视频里面的小狗贝贝心情怎么样？（高兴）你们是从哪里看出来的？（它脸上的笑容）它高兴的时候就会干什么？（拍手）它拍手时的节奏型是怎样的呢？（×××××）

师：我们一起再看一遍是不是这样的。它拍手时的节奏型是怎样的呢？（用图谱来表示这首歌，并按图谱学唱歌曲。）

第三，感受情绪，表现情绪。

师：你们高兴的时候是怎样的呢？你们会怎样表达呢？

师：除了高兴之外你们还会有怎样的情绪呢？会怎样表达呢？

（五）活动延伸：绘画

师：情绪的种类有很多种，比如开心，难过，害怕等。那我们要怎么表达这些不同的情绪呢？小朋友你能想到用什么方式来表达情绪呢？

师：大家的主意真棒，那么我们可以把想表达的情绪画下来哦，看看哪位小朋友画得最像！

（六）活动分析及反思

1. 活动分析

活动目标达成度较高,促进了幼儿自主发展。此韵律活动进一步拓展了幼儿的知识经验,幼儿在活动中愿意表达和表现情绪情感,培养了幼儿思维发散力,使其体验到了在音乐活动中表达的乐趣。活动中幼儿能够在教师的引导下主动、大胆地表达自己的想法,民主和谐的氛围增进了师幼之间的感情。在幼儿感受情绪和表现情绪的环节中教师以幼儿为主体把问题抛给幼儿,"你们高兴的时候是怎样的呢?""你们会怎样表达呢?"以此来鼓励和引导幼儿表达,并且善于回应和总结:"高兴的时候我们脸上会露出笑脸,可能会高兴地拍拍手、拍拍肩膀、拍拍肚子。""除了高兴之外你们还会有怎样的表情呢? 你们会怎样表达呢?"发散思维启发幼儿进一步思考和表达,充分体现了幼儿的自主性和主体性。

2. 活动反思

在活动部分和延伸部分教师的语言表述不够简洁明了,在回应幼儿时也不够明确。在活动过程的最后一步"感受情绪和表现情绪"中,教师对于幼儿的回答没有进行多方位的交流,缺少对幼儿情感体验的关注。教师需要对幼儿在教学活动过程中随时产生的情感体验表现出充分的关注,这有助于保护幼儿对音乐敏锐的感觉,从而激发幼儿头脑中的想象力。教学形式只有集体活动而且内容不够丰富,集体教学形式会忽略对音乐节奏不敏感的幼儿,不能关注到每一个幼儿的掌握程度。

活动的第二个环节,教师播放歌曲,教师只针对歌曲内容提出了:"小狗贝贝心情怎么样?""你们是从哪里看出来的?"这一类结构性强的问题,并没有进行深入的提问来激发幼儿的想象力。幼儿在听完歌曲之后,给予的回答只是问题表面的回答,没有深入地回答。教师在提出问题之后,可以进一步询问,让幼儿展开想象力,想象高兴的情绪是怎么表达的,难过的情绪是怎么表达的,引起幼儿的兴趣。

三、第二次活动：音乐欣赏活动《喜洋洋》

（一）设计意图

随着音乐经验的不断丰富和积累,幼儿能够较为熟练地用语言表达对音乐的感受,并能在音乐变化的过程中进行大胆的想象和联想。《喜洋洋》是我国经典的民族乐曲,整个乐曲欢快动听、热情洋溢,蕴含着浓郁的节日气息,能够吸引幼儿的注意力,也易于幼儿接受、感知。为幼儿营造一个宽松、自由、愉悦的氛围,让幼儿充分感受、体验、表现音乐的欢快情绪。

（二）活动目标

第一,使幼儿感受与理解乐曲的结构,即 ABA 结构。

第二，使幼儿体会乐曲欢快喜悦的情绪和优美抒情的特点，萌发对民族音乐、民族乐器的喜爱之情。

第三，让幼儿运用多种形式表达对音乐的感受，激发其表现欲望。

（三）活动重难点

第一，使幼儿感受与理解 ABA 结构。

第二，使幼儿运用多种形式表达对音乐的感受。

（四）活动准备

第一，音乐《喜洋洋》、多媒体动画、民族乐曲的图片。

第二，营造一个有喜庆气氛的音乐欣赏环境。

（五）活动过程

1. 活动导入

播放音乐《喜洋洋》，教师带领幼儿边唱歌边表演，进入活动室，营造出一种欢快喜庆的气氛。

师：小朋友们，刚才那段音乐听起来感觉怎么样？喜欢吗？（幼儿回答）这首听起来让我们感到非常快乐、开心的乐曲叫《喜洋洋》，大家想不想再听一遍啊？（幼儿回答）

2. 活动展开

第一，视听结合，完整欣赏。

再次播放音乐，同时放映人们敲锣打鼓、踩高跷、张灯结彩、载歌载舞、舞龙舞狮等过节时的喜气洋洋的画面，将画面与乐曲《喜洋洋》相配合，使幼儿视听结合感受音乐所表达的情绪。

师：小朋友们，视频中的叔叔阿姨们都在干什么？这种热闹的画面我们一般什么时候能见到啊？他们脸上的表情怎么样？（幼儿回答）你们会用什么动作来表达自己的心情很高兴？

鼓励幼儿自由讨论，大胆表现。让幼儿将生活经验移入音乐欣赏活动中，为后续的创编活动进行铺垫。

第二，分段欣赏，理解音乐结构。

欣赏 A 段音乐：播放动画，以实物的形式表现《喜洋洋》A 段音乐，配合音乐的节奏，乐句的数量用花朵来表示，每一朵花代表一个乐句，花朵配合着节拍，伴随着 A 段乐句出现在五线谱上，以跳动的红花体现乐曲的活泼、欢快的风格。

师：小朋友们看，这里弯弯曲曲的曲线一共有几条啊？（幼儿回答）这就是我们常见的五线谱，我们现在看到的这段五线谱就代表着一个乐段。大家要一边听一边看它出现的花朵，就会知道这段乐曲有几个乐句。

小结：为这一乐段取名为 A 段，再欣赏一遍 A 段，同时让幼儿为 A 段拍打节奏，感受其活泼、欢快的风格。

欣赏 B 段音乐：播放动画，以实物的形式表现《喜洋洋》B 段音乐，配合音乐的节奏，乐句的数量用叶子来表示，每一片叶子代表一个乐句，叶子配合着节奏，伴随着 B 段乐句出现在五线谱上，以优雅舒展的绿叶体现乐曲的舒缓。

师：小朋友们，五线谱上出现了什么？叶子什么时候出现在五线谱上？（幼儿回答）那让我们用同样的方法来找找这段音乐共有几个乐句。

小结：为这一乐段取名为 B 段，再欣赏一遍 B 段，同时让幼儿为 B 段拍打节奏，感受柔美与舒缓的特点。

欣赏 A 段音乐：播放动画，此段音乐同 A 段音乐类似，但这段音乐增添了锣鼓声，实物花朵也有变化，颜色变成粉红色，但乐句数量仍用花朵来表示。

师：小朋友们，听听这段音乐与前两段音乐中的哪一段比较相似？他们之间又有什么不同呢？找一找这段音乐共有几朵花？

小结：此段与 A 段乐曲相似，但它加入了锣鼓，显得曲调更加欢快，因此为这一段取名为 A 段。再欣赏一遍 A 段，同时让幼儿为 A 段拍打节奏，感受其欢快的情绪。

第三，完整欣赏，自由创编。

完整欣赏《喜洋洋》，让幼儿为乐曲拍打节奏，使幼儿完整地感受音乐 ABA 的段式结构。再次欣赏，鼓励幼儿跟随音乐创编动作，引导幼儿在不同的乐段做出不同的动作。

（六）活动延伸

师：请小朋友们休息一会儿！大家今天开心吗？知道为什么这么开心吗？（幼儿回答）是不是因为老师给你们带来了一首很好听，而且听了能让你们开心的音乐《喜洋洋》？它是一首山西民族音乐，简称民乐。那什么是民乐呢？民乐就是由民族乐器演奏而来的音乐。小朋友们，你们知道哪些乐器是民族乐器吗？（幼儿回答）老师今天给大家带来了几种民族乐器，看看认识吗？（出示图片）这首《喜洋洋》民乐就是由笛子、二胡、板胡一起演奏的，所以听上去特别欢快！许多大型的晚会、音乐会也会用这些乐器来演奏。当然，我国有许多的优秀的民间乐曲，请小朋友们回到家中和爸爸妈妈一起找找还有哪些民间乐曲，并进行欣赏。

（七）活动分析

整个音乐欣赏活动充分利用了多媒体动画，一方面通过喜庆的视频营造出一种欢天喜地、热情洋溢的场景，缓解幼儿的情绪，使其身临其境，产生真切感，增强了艺术的真实感，提高了幼儿的审美感受，使幼儿更加轻松快乐地加入到活动中去；

另一方面通过视听结合的方式，为幼儿提供了一种声音、语言、动画等富有变化的情境，极易吸引幼儿的注意力，让幼儿可以直观地感受到乐曲的结构以及乐段间的差异，解决了音乐欣赏中的一大难题，让幼儿在不知不觉中进入音乐的氛围。

四、音乐活动对幼儿情感方面的作用

在整个音乐活动中渗透的情感是支持教学活动顺利进行的基础，情感能够保护幼儿内心深处柔软的地方，并使其得到支持进而勇敢地表现。活动中幼儿的情感回应是非常真挚和饱满的，在情感方面的能力比在活动开始之前有了很大的提高。

参考文献

[1] 艾莲. 审美活动阐释 [M]. 成都：四川大学出版社，2018.

[2] 陈晨. 基于儿童生活世界的幼儿美育研究 [D]. 淮北：淮北师范大学，2021.

[3] 陈丽娟. 浅论如何培养幼儿的审美能力与创造能力 [J]. 读写算，2020（28）：41.

[4] 陈薇. 幼儿音乐教育的价值与策略 [J]. 智力，2020（31）：179–180.

[5] 富宏. 幼儿园音乐教育活动设计与实施 [M]. 北京：北京理工大学出版社，2019.

[6] 高杰英. 学前儿童音乐教育与活动指导 [M]. 沈阳：东北大学出版社，2015.

[7] 郭鸿. "幼儿歌曲演唱"教学中翻转课堂的设计研究 [J]. 长沙大学学报，2018，32（04）：157–160.

[8] 郭瑞智. 音乐欣赏活动促进大班幼儿审美想象的实践研究 [D]. 上海：上海师范大学，2019.

[9] 贺绍华，邓文静. 学前儿童音乐教育 [M]. 北京：中央广播电视大学出版社，2017.

[10] 胡钰婕. 浅析如何在幼儿园音乐活动中运用多媒体技术 [J]. 天天爱科学（教学研究），2021（12）：
99–100.

[11] 李彩. 幼儿园音乐活动对幼儿审美能力的培养 [J]. 当代教育实践与教学研究，2017（09）：255.

[12] 李瑾. 幼儿音乐欣赏教学现状及策略研究 [J]. 时代教育，2016（16）：257.

[13] 林琳. 柯达伊音乐教育理论的中国本土化探索 [J]. 黑河学院学报，2021，12（09）：96–97，103.

[14] 刘畅. 铃木音乐教育体系在中国的发展 [D]. 开封：河南大学，2016.

[15] 刘琳，杨文晴. 幼儿音乐教育评价的原则与方法分析 [J]. 天天爱科学（教学研究），2021（02）：
125–126.

[16] 马文翰. 幼儿音乐教育方法探究 [J]. 黄河之声，2019（08）：103.

[17] 孟佳. 幼儿音乐教育 [M]. 北京：北京希望电子出版社，2017.

[18] 宋薇. 学前儿童音乐教育与培养 [M]. 北京：现代出版社，2019.

[19] 孙舒. 浅谈幼儿音乐听觉审美能力的培养 [J]. 科学大众（科学教育），2018（06）：103.

[20] 唐勤. 音乐游戏培养幼儿审美想象力的实践与反思 [J]. 读写算，2022（01）：70–72.

[21] 王婧怡. 运用音乐活动提高幼儿审美想象能力的反思实践研究 [D]. 上海：上海师范大学，2020.

[22] 王林强. 学前幼儿音乐教育趣味性的提升策略探讨 [J]. 北方音乐，2018，38（14）：140，144.

[23] 王晓萌. 达尔克罗兹音乐教育体系的全面介绍——评《达尔克罗兹音乐教育理论与实践》[J].
中国教育学刊，2021（11）：111.

[24] 吴月. 微格教学模式在学前教育专业教学中的运用 [J]. 新西部（理论版），2017（04）：150，156.

[25] 肖梦杰. 幼儿音乐教育活动评价的作用、原则与内容 [J]. 智力，2021（20）：191–192.

[26] 许自强. 美学基础 [M]. 北京：首都经济贸易大学出版社，2020.

[27] 郑劼. 奥尔夫音乐教育体系在少儿歌唱教学中的应用 [D]. 广州：华南理工大学，2017.